彭水明 ◎ 著

中国财富出版社

图书在版编目（CIP）数据

老爸是个“土教练”/彭水明著.—北京：中国财富出版社，2014.2
（华夏智库·金牌培训师书系）
ISBN 978-7-5047-4874-4

Ⅰ.①老…　Ⅱ.①彭…　Ⅲ.①家庭教育　Ⅳ.①G78

中国版本图书馆 CIP 数据核字（2013）第 229300 号

策划编辑　黄　华　　**责任印制**　方朋远
责任编辑　丰　虹　　**责任校对**　饶莉莉

出版发行　中国财富出版社
社　　址　北京市丰台区南四环西路 188 号 5 区 20 号楼　**邮政编码**　100070
电　　话　010-52227568（发行部）　010-52227588 转 307（总编室）
010-68589540（读者服务部）　010-52227588 转 305（质检部）
网　　址　http://www.cfpress.com.cn
经　　销　新华书店
印　　刷　三河市西华印务有限公司
书　　号　ISBN 978-7-5047-4874-4/G·0569
开　　本　710mm×1000mm　1/16　　**版　　次**　2014 年 2 月第 1 版
印　　张　15.75　　**印　　次**　2014 年 2 月第 1 次印刷
字　　数　218 千字　　**定　　价**　35.00 元

推荐序一

给彭爸的序

彭衢杭是我作为校长认识的比较特别的一个男孩子。记得上任的第一天，我站在校门口迎接全校师生，一个瘦小的身影从远处瞬间移动到了我跟前，他戴着头盔，脚踩着轮滑鞋，一身运动装备，背着一个大大的书包，包上还绑着一双平常穿的运动鞋，一路上热情地跟他认识的人打着招呼，“保安叔叔好”“哥哥姐姐好”，最后潇洒地在我面前来了个急停，“老师好”。

这就是所谓的第一印象吧，已经过去6年多了，当时的场面到现在仍记忆犹新。当时的感觉除了新鲜之外还有诧异，在这样一个对孩子们过度保护的时代，在校门口那些牵着孩子的手，甚至背着孩子书包的爸爸妈妈、爷爷奶奶的人群中，这个身影是那么的特立独行。

那时彭衢杭还是二年级学生，随后在学校各项颁奖活动上都能见到他，有乒乓球的、轮滑的、游泳的、帆船的、足球的、篮球的、田径的等，除了体育之外，还有摄影的、书法的、器乐的、棋类的，甚至普法征文、杭报小记者等统统都是活跃分子。接触多了，就发现这孩子挺不简单的。不简单的地方倒不是他掌握的这些本领，而是平时为人处世的一种态度。比方说他很有礼貌，学校里见到谁都会热情地打招呼；他很坚强，体育课上手臂骨裂了也没掉一滴眼泪，满脑子还惦记着会不会影响接下来的游泳比赛和乒乓球比赛。印象最深刻的一次是，在他刚刚开始起步踢足球，比赛中先从替补做起，可是他不像其他的孩子，上不了场会很沮丧或者有情绪，而是非常认真地做一名替补，在场下非常投入地为场上队员加油打气，中场休息的时候会主动为下场的同学递上衣服和水，只要一换上场，就会特别地专注，迅速进入忘我的状态，哪怕只能踢上一分钟。

我们常说不要让孩子输在起跑线上。可是我们参加的是一场什么样的竞技呢？人生其实就是一场马拉松，很多人以为从幼儿园开始，到考上一个好的大学就算完成了，其实那时比赛才刚刚开始，终点应该在一个人退休的时候。入职、成家立业、升职等一系列难关在等待着选手们。一个男孩子，学业成绩未必是最重要的，是不是有责任心，是不是做事专注，是不是够坚强独立，是不是能关心身边的人，才是他是否能顺利走过甚至是跑过终点的保证。这些品质都是书本上学不到的，也是现在的孩子比较缺失的，而彭衢杭身上都有。我时常在想，这样的孩子是怎么被培养出来的，直到认识了彭爸，这些疑问才慢慢被揭开。

彭爸是个非常热心的人，学校里的活动经常来参与，后来在他的热心张罗下，学校的家委会也成立了。他作为学校首届家委会的主任，为学校里做了很多实事。由于有了这层关系，我和他熟络了起来。他常常自嘲是农民，是啥也不懂的“土教练”。但是，从我作为一个教育工作者的经验看来，家长个人很优秀，孩子不一定优秀；但孩子如果很优秀，背后一定有优秀的家长。我很喜欢听他讲他和彭衢杭的各种故事，他的“土方法”和经验比各种育儿经典来得更加质朴和有生命力。

彭爸跟我探讨了家长和学校的关系，他说，家长一定要和孩子的老师站在同一阵线上，保持高度的一致，在孩子面前一定要树立老师的威信，如果不一致，孩子就不知道听谁的了。“那老师的观念和你的有些不一样，或者老师也犯错了呢？”我反问道，“那也以老师说的为准，老师也是人，难免会出错，那也听老师的，绝不在孩子面前说老师的不好，真有问题，私下里跟老师沟通。孩子吃点亏没事的，尊重一个人才是基本的态度，孩子走上社会之后，没有人会像老师这样对你好了”。这让我想起，现在一些自以为是的家长和不讲道理的孩子，老是站在老师的对立面，或者说对老师持有的是一种基本不信任的态度。不能说，所有的老师都是师德上没问题的，但至少大部分对学生还是负责的。可是这样的态度往往对孩子起到的是反作用。

彭爸也跟我聊过家长和孩子的关系。“家里吃晚饭的时候，我的饭都是彭衢杭给我盛的。”光这一点就足可以让现在的绝大部分“4+2+1”的家庭不得其解，现在的小孩，哪个不是饭来张口，衣来伸手呢，不要说给爸妈盛饭了，不用喂已经很好了。彭爸的解释是，现在的孩子是被过度保护了，其实他们本身就有很好的适应能力和可塑性，只是大人“以为”他们还小，就连给父母服务一下承担点孝敬的责任这种最基本的锻炼机会都没有，我们大人永远都围着“小皇帝”服务，结果并没有培养出孩子感恩的心，反而让他们觉得以他们为中心是必需的，理所当然的。“我现在让他盛饭，不是因为我偷懒，而是让他从小就做一些力所能及的事情，培养他作为‘小大人’的意识，不从小事做起，怎么能指望我退休之后他还能赡养我呢，不‘啃老’就不错了。”

类似的故事还有很多，我不再赘述了，彭爸的这本书提供的不仅仅是彭衢杭成长的故事，其实也是彭爸不断思考的历程。正如他所言，做父母其实要当一份工作、一份职业来做，现在的独生子女时代，年轻父母对于育儿这件事基本上都是没有经验的，也没“培训”过，有些人能够自学成才不断修正，而有些人一开始就走了弯路，这样培养出来的孩子也很不一样。彭爸希望他的经验能够给其他的家长一些帮助。虽然现在关于育儿的各种书籍汗牛充栋，但是本书还是有不一样的地方，本书讲的都是彭衢杭成长的各种故事，有可读性，容易借鉴，通篇也没有什么大道理，“孩子教育的问题多源于家长”，用通俗和简单的语言给其他的家长也很好地上了一课。

当然，现在社会上各种“……爸”“……妈”很多，各有各的道理，孩子的教育问题很复杂，不可能一概而论，彭爸的书也是如此。能引发思考就好，具体怎么做，家长还是得做个有心人，自己琢磨，和孩子一起成长。不过无论如何，本人还是非常荣幸，能够为本书的序写上几句。作为彭衢杭的小学校长，应该说，一路上看着他成长，书中说的很多故事我都是经历者或者是见证者，自己也深受教育，希望书中一些好的做法能够让更多的家长受益。

我是彭衢杭走上足球道路的引路人，五年级时他还在篮球社团里，我在操场上巡查的时候发现他拍着篮球的时候眼睛却盯着足球场上，于是跟教练员协商把他放进了足球社团。可能当时谁也想不到，这样一个小个子替补在三年后能够进入中国顶尖的恒大皇马足校学习和训练。我在这里衷心地祝愿他能够学有所成，把他在小学时积累起来的坚韧、顽强、独立、专注等品质充分发挥出来，实现他的梦想。

杭州胜利小学校长　全力博士

2013 年 9 月 20 日

推荐序二

为“土教练”欢呼

水明是我的好朋友，很多年了，但却从不知道他那么能干，竟教育出那么优秀的一个儿子！

水明的儿子杭杭出名了，我也骄傲，因为我是他爹的朋友。不知算不算过分，我还常把杭杭故事拿出来炫耀，一则是为朋友的乐而乐，主要还是想刺激一下那些主张“孩子要顺其发展”的家长，希望他们能早日“悬崖勒马”。

像很多不明就里的家长一样，一直在纠结杭杭学那么多技能的时间是怎么来的？经与彭氏父子近期较长时间的接触与交往，遂发现现在的小学生压力并不像媒体炒作地那么可怕——如何如何地繁重，如何如何地让孩子喘不过气来！好像很少听孩子在抱怨，那谁在抱怨？家长在抱怨，因为大家都想当甩手掌柜，家长也怕烦，最好让孩子不努力也名列全班前十。还有老师在抱怨，因为他们也想上完课就回家，也想陪陪家人享享天伦之乐。再加上爱嚷嚷的媒体人，于是群炒出一个“学生压力太重”的话题。

听听杭杭怎么说：“学这学那的都要钱，如果是免费的话，我还会有更多的爱好！”他还有更经典的：“学一样有一样的味道，人生就是尝不同味道嘛！”

今年暑假，我认识了一位来杭州学汉语的德国漂亮女孩——史密斯·汉娜，1991年出生，大三，会德语、英语、葡萄牙语、西班牙语、汉语，因感觉汉语特难学，就利用暑假一人来杭州学习。按有些中国人的说法是：太残忍了，谁剥夺了她的暑假，谁剥夺了她的少年和青春？

又是今年暑假，我问过一位妈妈：孩子在家干吗？她答：刚放学就知道睡觉，我发现如果再这样下去的话人就要睡傻了，于是给他报了两个班——美术、游泳。他还是闲得慌，就又给他报了个英语班。现在好了，每天充充实实、开开心心！因这种学习中没有什么压力的。我把这事说给彭水明听，他答：只有杭杭的十分之一，太轻松了！

到底如何培养孩子？很简单，你想要孩子一生快乐，那就不要让他的童年、少年时光在发傻、打盹、咬指甲与人吵架甚至做坏事中度过，要让他的生命每一分钟充满快乐和乐趣，这样他长大了就会有几把“刷子”，就不会考不上好的大学，毕业后就不怕找不到工作。如果你心疼孩子，或者一定要让他“自由”发展，那等他长大后，什么好大学呀、好工作呀、好对象呀，你也不要有太高的期望。因为好的资源是有限的，是留给聪明人的。杭杭之所以成为今天的杭杭，不是杭杭聪明，而是老爸聪明。杭杭说得好，老爸是个“土教练”！可杭杭现在很洋，能被恒大足球队相中，当下几个孩子能有这种幸运？土与王只有一笔之差，王又是“一十一”，彭水明“十”彭衢杭＝家庭教育成功之“王”。

作为一位爱玩“家教”的我，经常会与家长们闲聊，认同的有之，反对的有之。曾记得一家长对我说：我只要想办法把孩子培养成普普通通的人就可以了，让他平平凡凡过一生。我说，这好办，这是其他家长最欢迎的，因为他们的孩子少了一个竞争对手！那你就在床边睡吧，孩子爱咋咋的！孩子学龄期到了，她没让他上学，而是放在家里自己教。我不认同，她不听，没辙！没想到等到孩子十岁，她又来找我，问是否认识好的精神病大夫？原来孩子得了自闭症。我只好一声叹息！

“老爸是个土教练”，怎么个土法，怎么个教法，这本书会告诉你个明明白白。

我喜欢逆向思维，最近看到一位教育专家在某媒体发文说：今天缺少的不是虎爸虎妈，而是更多正常的父亲母亲！我偏说：今天缺少的不是正常的父亲母亲，而是让孩子能真正幸福快乐一生的聪明的爸和妈，也可以说是“虎爸”、“虎妈”。

《浙江报业》执行主编　顾金生

2013 年金秋

前　言

家长要学会做一名“土教练”

不可否认，人类的未来属于下一代，只有下一代勇敢地担起社会责任，具有积极乐观的生活态度、活泼开朗的性格和良好的品德、健康的身心、丰富的知识才能成就良好的人际关系，才能在社会上有所作为。

任何一个人都不喜欢和性格沉闷、心胸狭窄、斤斤计较、身体脆弱的人交往，如果在他们的儿童时代能够接受正确的公共生活教育，必然会为他们的一生奠定良好的基础。

“土教练”是儿子从小对我的尊称，因为我有很多东西都不会，却把他教成了全面发展的小子；平时训练和比赛的时候，我一般都会给予他指导，可是我却没有考取过什么教练资格证，因此，他便叫我“土教练”。

对于儿子的这个称呼我很是喜欢，非常乐意做“土教练”，因为在陪他一起训练比赛的过程中，看着儿子健康快乐地成长和进步，我也从中收获了无限的乐趣。

作为一个媒体工作者，每当我看到或听到孩子成长过程中存在的问题，特别是独生子女的家庭教育问题的时候，对孩子的教育就颇为上心，因此我对孩子的教育显得特别用心和严厉。

小时候，我是在贫苦的农村长大的，从来都没有学习过书本以外的体育技能。因此，看到今天的孩子有如此多的好机会，羡慕不已。为了让儿子能多学习一些体育技能，在他很小的时候，我就开始有意识地锻炼他的身体素质和独立动手能力了。

其实，从孩子多学一门技能和锻炼身体的角度来说，家长们都愿意让孩子学一些技能，可是很多家长都为孩子的兴趣生命力短暂而苦恼。生活中，经常会有家长问我："为什么我的孩子没学几天就没兴趣了、放弃了，没有一样能坚持下来？"

我觉得，这种情况之所以会出现，很多时候并不能将全部的责任都归咎于孩子，关键还是在家长。在孩子学习技能的时候，绝大多数的家长都没有真正地投入到孩子学习的项目中去，甚至还一味地指责孩子不够努力……如此这般，必然会让孩子在最短的时间里失去兴趣。

我儿子的兴趣很广泛，身心很健康，而且所学项目都能获得教练的表扬，在同等训练时间下也能名列前茅，我可以自豪地说："这和我这个'土教练'有着直接的关系。"

比如：乒乓球项目。儿子 8 岁时，有一次我带他到学校附近玩，他看到一位同学正在和自己的妈妈打乒乓球，非常羡慕。第二天，我就去商店买了一副球拍。其实，当时我根本就不会打乒乓球。为了不打击孩子的自信心，我让儿子先在小区练习。慢慢地，当儿子有了一定基础知识的时候，我才让他去和同学比赛。

当儿子和教练甘老师练习乒乓球的时候，我会形影不离地黏在甘老师的旁边，听他给孩子讲述乒乓球的要领。我不仅将这些乒乓球的专用术语牢牢地记在心里，还仔细观察技术好的高年级学生的动作。一旦儿子的动作出现问题，我会随时提醒纠正他。

可是，今天很多家长扮演了出租车司机的角色，只管接送孩子，不关心孩子存在的问题。有时还会因为天气不好或自己忙点私事而不让孩子去训练。这样，孩子的水平就很难提高了。

儿子学习其他项目的时候，我也采取了这种老办法。虽然我的实际动手能力不如他，但儿子却认可我的理论水平，因此非常相信我。现在，儿子在速度轮滑、足球、乒乓球、帆船、田径、游泳、篮球、羽毛球等项目上都有了一定的基础，成绩也不错，而且也没有耽误正常的课本学习。

今天，之所以会有这么多人关注我，主要是因为儿子获得了很多荣誉。其实，我并不看重这些，我希望儿子成为一个品德高尚、身心健康、兴趣广泛、阳光快乐、均衡成长的人，长大后能够自食其力，不会成为家庭包袱、社会负担。

我觉得，孩子的学习依赖于老师和孩子自己，但品德和身心培养却离不开家长。家庭教育中，孩子经常出现的问题，其实都能找到原因，这里我给家长们总结了这样几条：

1. 孩子不服家长老师管教，源于家长教育理念各不相同。
2. 孩子缺乏自信自立能力，源于家长盲目拖杀代办包办。
3. 孩子依赖性强不能坚持，源于家长的过度表扬或批评。
4. 孩子表现固执任性霸道，源于家长孩子之间过分民主。
5. 孩子犯了错误屡教不改，源于家长滥用奖励缺少惩罚。
6. 孩子身体脆弱而且多病，源于家长剥夺锻炼胡乱投医。
7. 孩子自私自我没有追求，源于家长溺爱放纵过于能干。

作为独生子女，一般都会受到家人的溺爱，容易形成“以自我为中心”

的意识，变得任性、骄横、无礼。孩子的性格都是在日常生活的点点滴滴中培养起来的，父母要积极探索正确有效的育儿策略。因此，我呼吁，家长们都要成为一个“土教练”，成为一个兴趣广泛的家长。因为只有家长投入到兴趣中去，才能让孩子在兴趣训练中健康成长，使孩子成为一个德、智、体、美、劳全面发展的人，一个受欢迎的人，一个高情商的人。

本书能在较短的时间内出版，真诚感谢秦富洋、方光华、陈德云、刘星、曾庆学、李志起、杨勇、李高朋、孙汗青、陈春东、张旭婧、王京刚、陈宁华、王军生、辛海、蒋志操、王咏等人在制图、文字修改以及图书推广宣传方面的协助。

作　者

2013年9月

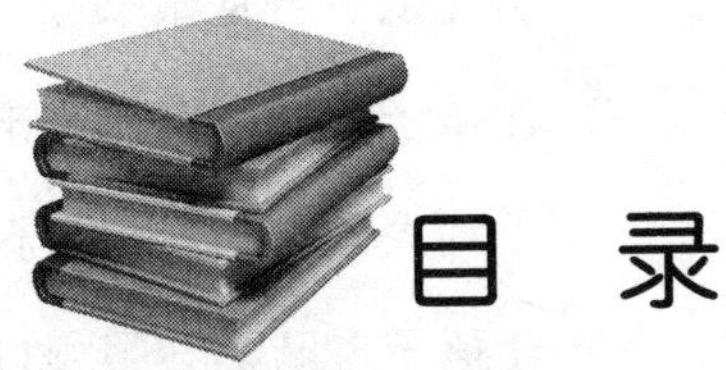

目 录

第一章 “土教练”的别样育儿观

孩子出状况，先从家庭找原因

家长是孩子最好的老师，孩子的品德、身心发展要比学业重要很多。家长才是孩子最好的学习榜样，在优秀的家庭中，都是家长和孩子共同成长。

在我们身边，经常会听到家长们这样问：“孩子根本不听我的话，还动不动就哭，怎么办？” “孩子不爱学习，怎么办？” “教育孩子听妈妈的，还是听爸爸的？”

究竟是什么原因让孩子出现了这些状况呢？我觉得，主要是家庭教育出了问题。

周女士的孩子今年刚读中班，为了能自己带孩子，她生完孩子后就换了一份比较轻松的工作，现在她却发现，这种牺牲并没有换来好结果。

不管做什么事情，孩子都喜欢和爸爸妈妈对着干，动不动就哭，耍无赖。有时候，还会说谎。周女士感到很头疼！有时急起来，老公还会动手打孩子。周女士知道这样不好，但又找不出其他好办法。

一百多年前，鲁迅在《新青年》中写过这样一篇文章——《我们现在怎样做父亲》。在这篇文章中，鲁迅说道，当好父母“是一件极伟大的要紧的事，也是一件极艰苦的事”。我非常赞同这个观点。

家长是孩子最好的老师，孩子的品德、身心发展要比学业重要很多。

家长才是孩子最好的学习榜样，在优秀的家庭中，都是家长和孩子共同成长。

教育孩子并不是一个轻松活儿，如果遇到了问题，父母该采取怎样的方法呢？

◆ 孩子学本领，家长要陪练吗

家长：

现在，我家孩子已经参加了两个培训班，但我总觉得她进步很慢，比如：国际象棋，每次问她懂不懂，她都点点头。可是，教练却私下告诉我，孩子还没掌握要领。是不是真的要像其他家长一样，天天陪练啊？

彭水明：

我儿子学习各个项目的时候，我都会对其进行有意识地引导。他学什么项目，我就关心什么项目。我不仅会学一些理论，还会通过网上、电视和教练学习一些技术要领。儿子练习的时候，我一般都能及时发现他的不对之处，第一时间指出来，因此他的学习效率要比其他孩子高很多。

比如，学乒乓球。一个拉球的动作，角度一般在 30 ~ 45 度，可很多孩子在训练时都会习惯性地将角度拉到 75 ~ 90 度。教练不可能关注到所有的孩子，如果家长知道相关要领，就可以对孩子进行一对一的训练了，效率自然就可以高出一般孩子好几倍。孩子训练时，我一般会跟在教练身边，听教练讲动作要领，然后记在心里。如果发现儿子没有按教练说的做，我就会及时为其作出纠正。

彭水明、彭衢杭参加书法家李伟华的讲座

◆孩子要做危险的事，该不该制止他

家长：

在孩子很小的时候，我就主张让孩子做力所能及的事，不让爷爷奶奶太宠他。可是，很多时候，当孩子要帮我拿碗筷、拿水杯时，长辈们总要出面制止，还说：“这样做很危险。”我自己都有些动摇了，怎么办？

彭水明：

我儿子上幼儿园前，看到外公去倒水，他也会去碰开水瓶，那时我是不同意的。为了让儿子明白为何外公能动他不能动，我就倒了一碗水，在水温能产生烫痛感但不会烫伤时，我让他把手放进碗里。他体会到了烫的感觉，也就知道了我不允许的原因。随着孩子的逐渐长大，能做这件事了，我就指导他让他去学、去做。

面对这样的事情，家长最好不要因为危险就盲目地制止，一定要让孩子明白其中的原因。在这个世界上，没有绝对的安全，家长可以做的就是要尽早地让孩子学会与年龄相称的各种应对危险的能力。

近年来，家长教育越来越得到人们更多的关注和重视。不可否认，家长教育已经成为我国新时期对孩子教育的重要组成部分，并占有举足轻重的地位。然而，我国家长教育的现状令人担忧。

彭衢杭参加建兰中学军训

因为绝大多数的家长都没有接受过专门训练，对一些科学的家长教育理念更是知之甚少。很多家长忽略了自己的教育职责，在望子成龙、望女成凤的心理驱使下，容易令教育偏离轨道。因此，我要替所有的孩子们大声疾呼：家长才是他们最好的老师，要做一名与时俱进、懂教育的好家长。

如果没有家长的言传身教，就没有孩子的均衡成长，家长才是孩子最好的老师！家长教育最重要的任务，就是构建孩子成长过程的正确的人格长城。我们在关注孩子学分的时候，更要关注孩子成长过程中的每一个细节。让孩子的每一个细节，都在正确的引导尝试中健康成长。

孩子是家庭的希望、祖国的未来，家长们一定要重视家长教育，要用正确的方式、方法，引导孩子成为品德高尚、身心健康、兴趣广泛、快乐幸福、均衡成长的人。

要想教出优秀的孩子，家长首先就要转变育人理念

今天，社会已经发生了翻天覆地的变化，时代变了，家长的观念和方式方法都应该有所改变。家长的态度理念是孩子的起跑线，要想让孩子发生改变，首先就得从改变自己开始。

2000年1月17日，一名中学生因不堪忍受学习重负，杀死了生母。

徐涛出生在一个普通的工人家庭，母亲在一家食品公司工作，父亲长期在外地工作，徐涛从小到大基本上都是在母亲的悉心照料下成长的。

母亲工资不高，为了供儿子读书，她便在空余时间帮别人加工毛线衣赚些零钱。徐涛没有辜负妈妈的期望，初中毕业后，直接考进了学校的重点班。虽然在高一上半学期，徐涛在班上排名倒数第二；但通过自己的不

懈努力，高一下半学期，徐涛一跃到了第十名。

母亲高兴极了，叮嘱儿子：以后每次期中、期末考试都要排在班级前10名。可是让人没有想到的是，就是这个看似美好的愿望，却在儿子心里埋下了悲剧的种子。

1999年11月底，母亲参加家长会的时候得知，徐涛这次期中考试在班里排名为十八。母亲很生气，回到家里后，狠狠地打了儿子一顿。徐涛本来很喜欢踢足球，可是母亲却告诫他说：“好好学习，以后你再去踢足球，我就把你的腿打断！”徐涛知道母亲提出的目标自己根本就实现不了，心中充满了委屈和压抑。

2000年1月17日中午，徐涛放学回到家里，吃完中饭后，想看一会儿电视。母亲却提醒儿子：“看什么电视！期末考试一定要考前10名！”就这样，母子之间再次为学习发生了冲突。徐涛感到绝望极了，便从门口拿起一把木柄榔头朝母亲的后脑砸去，将母亲活活砸死。

（来源：人民网）

这起悲剧发生后，在社会上引起了强烈的反响。徐涛本来是一个“品学兼优的好学生”，性格文静，勤奋好学，乐于助人……可是就是这样一个好学生，为什么会干出如此暴行？

不可否认，家长望子成龙心切、孩子心理承受力脆弱、缺乏法制观念，是悲剧发生的主要原因。孩子举起榔头砸向亲生母亲的时候，连基本的人性都没有了，这简直就是教育的悲哀，是家长的失败。

徐涛虽然是个好学生，可是心理非常脆弱，心智并不健康。在他的精神世界里，存在许多错误的东西，如果家长能够及早发现，对其进行一些人文教育，这样的悲剧是不会发生的。

今天，很多家长都把孩子当成了实现自己人生目标的工具，不尊重孩

彭水明、彭衢杭应邀参加家庭教育论坛

子的人格，为了自己的面子让孩子拼命为自己争气。在这种教育环境下，孩子怎么会具有基本的人性？人性教育应该是孩子教育的第一内容。

在学习问题上，有的父母虽然没有功利动机，但在教育孩子的方法上存在偏差，比如，揠苗助长。在孩子学习的时候，他们从来都不会从孩子的成长规律出发，一味地要求孩子达到一个难以达到的目标；更不能以平等的角度去对待孩子，不是说“我是你爸（妈）”，就是用“老子”“儿子”等等级观念来打压孩子。

家庭教育是教育的基础，孩子教育的根在家庭！

在孩子的成长过程中，家庭教育比学校教育和社会教育更贴近、更深入孩子的精神世界。家庭成员中的信任度，尤其是父母与孩子之间的信任度要远远高于学校中和社会上的人际信任度，因此家庭教育更能方便地把握、深入和影响孩子的精神世界，这是学校教育、社会教育难以达到的。

其实，在很早以前，在学校出现以前，孩子的社会化过程都是由家庭教育来完成的，学校的出现只是把家庭教育的一部分职能转移到学校中去罢了，其根底仍在家庭教育之中。由此可见，家庭教育是素质教育的基础，只有将家庭教育这个基础打实了，才能在上面盖上好房子。

现在，很多家长都认为，孩子只要学习成绩好，就什么都好了。其实，这是一个误区！父母跟孩子的关系是一种客观存在，家长要正确处理，要跟孩子成为朋友。这样，在家庭中，当一个人有了快乐的时候，大家都可以分享；当一个人遇到了困难和痛苦的时候，大家也可以共同承担。

现在，很多家长“不差钱”，一旦孩子学习不好，就会给孩子请家教。一些家长宁愿花钱给孩子请家教，也不愿花时间参加孩子的家长会。有些父母自己文化水平不高，孩子学习上遇到困难时不能及时帮助解答，于是孩子的问题越积越多。

如果家长善于在工作和家庭的繁忙中抽出时间，不断更新自己的知识，不断学习，加强阅读，家庭自然会形成一种浓厚的学习氛围。因此，家长的勤学、好学，不仅可以提高孩子学习科学文化知识的积极性，还可以在共同的学习中培养出孩子对探索新知识的兴趣，增进亲子之间的感情。

不要将进“名校”当做孩子成才的唯一标准

很多时候，孩子的能力是有局限性的，并不是家长要他干什么他就能干什么。世上有千千万万个职业让人去从事，每一个人都有其适合自己的位置，千万不要让孩子坐错了位置！

有一次，在网络上看到这样一则新闻：

周婷夫妇在一家工厂上班，今年女儿小学毕业升初中，按照校区划分她应该到一所普通中学读书。可是周婷不甘心，为了让孩子将来考上名牌大学，她打算让女儿进“名校”，接受最好的教育。

经过多方打听，周婷发现要上“名校”必须有“关系”。周婷夫妇翻出厚厚的电话簿，一边看着上面的人名，一边考虑这些人的背景能否与“名校”牵上关系。最后，她突然想起，一个多年没有联络的初中同学现在就在一所“名校”当老师。

周婷立即给这个老同学打了电话，老同学听说了她的事情，直言不讳地说：“要想进我们学校，只花钱是不够的，至少是教务主任以上的级别才能办，普通老师根本就说不上话。”

周婷并没有因为老同学的几句话而放弃，接连几天，她每晚都会提着水果和营养品站在老同学家门口等候，因为她觉得老同学从事教育多年，起码认识一两个领导，比自己要强得多。

最后，老同学不得不答应帮忙试试。

一个星期后，老同学通过一个朋友找到了教委一位主管部门的负责人。当周婷说明自己的来意之后，这位负责人当场就拒绝了。他掏出厚厚的一打纸条说：“这些‘条子’都是找我进‘名校’的。里面有我顶头上司的亲属，有退休老领导的孙子，还有省、市一些领导安排的……这些条子哪一个我都得罪不起。”

为了孩子，周婷吃不好睡不着。好在功夫不负有心人！周婷终于辗转联系到一位教育局的退休领导。周婷夫妇不敢有丝毫怠慢，经常出入酒店，赔着笑脸，请中间人吃饭……

不可否认，在我们身边像周婷一样费尽心思为孩子“择校”的家长有很多。可是，难道只要上了名校，就一定能够成才吗？十个手指有长短，世界正是由于有不同的人才实现现在的平衡，试想：如果世界上全是科学家，没人会煮饭、洗衣服，会是什么样子？如果世界上全是农民，没有工人，这个世界又会是什么样子？

彭衢杭参加杭州市中小学生帆船锦标赛

很多时候，孩子的能力是有局限性的，并不是家长要他干什么他就能干什么。世上有千千万万个职业让人去从事，每一个人都有适合自己的位置，千万不要让孩子坐错了位置！孩子如果没有能力考入名校，就说明名校位置不属于他。如果非要将他塞入名校，必然摆脱不了退学的结局，严重者还会给孩子造成一定的心理障碍，将他彻底毁掉！

彭衢杭参加运动会和全力校长合影

能考入名校的学生，无论是智力上，还是学习能力上，都要比普通孩子强，而名校也会为这些特殊孩子制订特殊的学习方案；如果你的孩子是凭关系进去的，没有足够的能力和智力跟上班里的学习进度，成绩就会远远地落后于同班同学，时间长了就会对他们的自信心造成伤害。

在名校，很多智力超高的学生花费少量的时间就能把学习搞好，他们会有很多如吹、拉、弹、唱、诗、词、歌、赋等特长，随便拿起一样都会搞得像模像样。花钱进去的孩子，费了九牛二虎之力却连学习都搞不上来，哪有时间搞这些？时间长了，和同学的关系就会生疏，就会让自己陷入孤独的境地。

事实证明，被父母硬塞进名校的学生，轻则退学，重则出现心理障碍，只有极少数的勉强能跟上，所以要让孩子走自己的路！只有合适自己的位置才是最好的位置！

应试不是教育的唯一目标，不要让应试教育捆绑住孩子

今天，幼儿园、小学、初中、高中、大学，整个教育体系都是为考试而学习。可是应试并不是教育的唯一目标，如果不能把知识转化成为商业价值，是一点意义都没有的。

联合国《儿童权利公约》中强调，要让孩子在幸福、亲爱和谅解的气氛中成长。作为家长，要给孩子创造这样的成长环境。可是，在应试教育的捆绑下，经常会出现粗鲁武断、强蛮教育的手段，严重伤害了孩子的尊严。

最近几年，在我们身边出现了很多这样的现象：

◆学生猝死、自杀

近年来，学生因为难以面对高考前的劳累以及学习压力而猝死或自杀的消息频频出现，学校几乎成为了残害未成年人的“集中营”。为了提高升学率，几乎所有的高中学校都在加班加点。高中老师成了天下最忙的教师，高中学生成了天下最苦的学生，高中生活成了孩子一生最痛苦的经历！

一些“重点校”“示范校”，为了应对高考，每天学生都要学习18个小时。虽然教育部门一直都在强调要加强素质教育，要为学生减负。可是，这种“改革”非但没有取得预期的效果，反而让学校、老师抓得更紧、更狠了。

有关部门明文规定要"保证小学生每天睡眠10小时、初中学生9小时、高中学生8小时"，国务院有关文件也提出"保证青少年有一定的体育锻炼时间和充足的睡眠时间"，可是，为了提高自己学校的升学率，教师们只认得分数，无视这些规定，无视学生的身心健康。因此，学校出现的学生"过学死"，并不意外。

◆学生弃考

据媒体报道，最近五年来，高考弃考率一直都维持在10%左右。

有些人认为，是"读书无用论的蔓延"；有些人认为，学校为了提高升学率，劝退了没有"希望"的学生。可是不管从哪个角度来说，都证明了高中教育的失败。弃考可能是一种不错的选择，至少弃考的学生不需要用生命、身体和精神来做代价。

中国的高考制度是不可能真正培养出大师级人物的！高考禁锢了中小学生的思想，中国现在培养不出真正的思想家、理论家、经济学家以及伟大的科学家。在这种高考制度的桎梏下，垮掉的可不是一代、两代人。

◆学生辍学

从20世纪90年代起，减轻学生课业负担的呼吁一波连着一波，可学生的负担还是减不下来。教师减负，家长增负；课堂减负，课余增负。为什么会出现这种现象呢？因为应试教育这架大机器仍在运转，

彭水明参加浙江省政协听证会

彭衢杭参加全国校园足球联赛

根本制度不改革，其他的做法都是徒劳。

由于学习负担过重，学习生活单调，很多中小学生都出现了厌学情绪。调查表明，目前中小学生厌学面高达1/3以上，其中不乏一些优秀学生。在应试模式中，教育竞争被激发到不恰当的程度，失败者往往得不到应有的帮助，学习水平的分化和差生面不断扩大，许多“差生”厌学，中途辍学。

◆幼儿教育小学化

随着民办教育的兴起，幼儿园就像雨后春笋一般疯长。今天，应试的战车已经开进了幼儿园，残害着祖国的花蕾。现在，很多家长认为，幼儿园只有加大学习强度，才能为将来进重点小学做好准备；只有上了好小学，才能上好中学，最后才能考上好大学。

一些幼儿园的负责人为了迎合家长的要求，无视教育规律，无视幼儿的认知水平，开足马力开展应试教育。就这样，孩子的书包越来越重，游戏时间越来越少，脸上的笑容也不再灿烂。事实证明，如果孩子求知的欲望还没有点燃，就已经失去了学习兴趣，就会对学校教育产生排斥情绪，出现厌学情绪，我们还能指望他长大以后干什么？

◆大学生毕业即失业

培养一个大学生，国家和家长要付出大量的时间和财力，可是今天很多大学生辛苦读了那么多年的书，最后却找不到工作？这难道不是中国教育体制的悲哀吗？

我国并不是高度发达的国家，大学生也并非过多、过剩，而是因为国家培养的大学生不能满足社会、企业的发展需要，不能为企业带来业绩。如果每个大学生都能为企业创造业绩、创造财富，怎么会失业？虽然大学生有高学历，有知识文化，但他们不能学以致用，在很大程度上都是应试教育的结果。

今天，幼儿园、小学、初中、高中、大学，整个教育体系都是为考试而学习的。可是，要知道，应试并不是教育的唯一目标，不能让应试教育捆绑住孩子！如果不能把知识转化成为商业价值，是一点意义都没有的。

爱孩子要有度，不要让家庭教育成为溺爱的工具

爱，需要理性；养育，是一门科学。父母是孩子的第一任老师，家庭是孩子的第一所学校，放任和包办都不是真正爱孩子。爱孩子要有度，千万不要用“爱”的名义伤害了孩子。

父母不仅为孩子创造了丰富的生活条件，更为他们提供了众星捧月的生活氛围。今天，绝大多数的家长都认为，只要孩子过得好，父母再苦再累也值得，根本不求什么回报。其实，正是这种想法，使本来应为双向互动的亲子情感变成了父母对儿女无私奉爱的“单边行动”。

父母的过度溺爱，使很多孩子对来自长辈的爱麻木了。

孩子过分依赖父母，使他们失去了独立生活的能力。

彭水明、彭衢杭和恒大皇马足球领导、教练合影

现在，许多孩子不懂得体谅父母的辛劳，肆意挥霍父母的血汗钱，唯我独尊，骄横任性。其实，正是父母的溺爱才让他们变成了不懂感谢、不愿感激、不会感动的“冷漠一代”。

前段时间，“李天一”打人、轮奸事件十分火暴，各大网站争相转载。李天一是歌唱家李双江的儿子，荣获过很多艺术奖项，2011 年因打人被收容教养，释放不足半年，便再次犯案，实在令人深思。很多人认为，李天一之所以会走上犯罪的道路，主要就在于李双江对其过于溺爱。

今天，绝大多数的父母都知道，溺爱孩子有害，但很少有人知道什么是溺爱。“溺”，词典上解释为“淹没”。人被水淹没了叫“溺毙”，如果父母的爱泛滥也会“淹没”孩子，这就是溺爱。溺爱是一种失去理智的爱，会直接摧残孩子的身心健康。

溺爱方式是要不得的！那么，在中国教育的大前提下，我们该如何爱自己的孩子呢?

苏联无产阶级作家高尔基曾经说过：“爱孩子，这是连母鸡都会的。”但是，很少有家长懂得怎样爱孩子。有的家长整天都忙着赚钱，对孩子的养育不管不顾，小时候扔给爷爷奶奶，长大后交给学校、社会；有的家长则放弃了自己的事业和追求，甘当孩子的“陪读”和“陪练”。

其实，放任和包办都不是真正爱孩子。爱，需要理性；养育，是一门科学。父母是孩子的第一任老师，家庭是孩子的第一所学校，家长的育儿观念深刻地影响着孩子的人格和日后的生活。因此，对家长来说，养和育同等重要。

从一般意义上说，要使孩子具有良好的思想道德修养，家长首先要提高自己的素质，为孩子营造一个文明健康的家庭生活环境。

彭水明参加家长论坛演讲

爱是不能用金钱来衡量的，而是要履行一种教育的责任；

爱不是为孩子包办一切，而是要教会他们懂得自立、自强、自尊、自爱；

爱不是粗暴的命令，而是充分地尊重孩子的爱好、兴趣，发掘他们的潜在能力和优势。

……

爱是一种最纯正、最美好的感情，但也要讲究艺术、科学。父母对孩子的爱是无私的、真诚的、崇高的，要让这种爱成为孩子成长成才的沃土，而不是一种羁绊和负担。

学习不仅仅是为了分数，不要让学校教育沦为升学的工具

任何单纯要分数的行为都是浅薄的，都是具有破坏性的，我们要培养孩子的智慧能量，让孩子具有对知识的好奇心、爱钻研的精神，具有提出问题的能力。

多年来，我们的教育更多的是在关注升学率和就业率，教学成绩成了学校的唯一追求，甚至主宰着学校的生存和发展。

“争强好胜”是人的一种天性！孩子天生就有羞耻心，就懂得自尊自爱，入学后，即使家长不说什么，老师不说什么，他们也会产生对分数的追求、对名次的渴望。考试的时候，每个人都会尽全力表现出自己最好的一面；任何一个孩子都不会将明明会做的题目故意做错，故意让自己拿不好的成绩。

面对孩子的时候，家长最好不给孩子提分数或名次的要求，不要让自己的言行影响孩子的学习成绩。要让孩子从家长和老师的态度中知道，学习不是为了分数，不是为了和别人比，而是为了自己学会。只有这样，他们才不会对分数斤斤计较，才会最终获得好成绩。

想要“100 分”，就不要要求孩子考 100 分！这是个奇怪的定律，听起来像个悖论，但它真正成立。当孩子引导自己面对知识本身，而不是考试分数时，孩子在学习上的潜力才会慢慢迸发出来。

成功的体验，不是偶尔得到的高分，而是通过自己的努力，最终解决问题。家长绝不要因为分数的高低，而表现出兴奋或失望的情绪。考得很好，孩子高兴，家长也要正常表达高兴；考得不好，孩子可能会有些沮丧，我们就要告诉他（或她）：“没考好，正好可以发现自己哪些地方学得不够好，要是出的考题恰好都是你会的，虽然得了高分但不能发现自己的问题，那不也很遗憾吗。”这样，孩子就能踏实下来，把注意力放到学习上。

任何单纯要分数的行为都是浅薄的，都是具有破坏性的，我们要培养孩子的智慧能量，让孩子具有对知识的好奇心、爱钻研的精神，具有提出问题的能力……只有具备了这些好品质，孩子才能在各种考试中胜出。

彭水明应邀参加杭州网论坛

当孩子的考试成绩不理想时，很

多家长都不能正确对待。这时候，家长一定要冷静看待孩子的考试成绩，并竭力避免以下情形。

◆ 不要责问孩子

当孩子没考好的时候，有些家长的第一反应就是责备孩子。其实，有哪个孩子不希望自己获得好成绩呢？只是由于种种原因，没有收到好的效果。这时候，他们最需要的是家长的肯定和帮助，而不是责问。

责问，会让孩子的“成就心理”得不到满足，丧失学习兴趣；如果孩子长期处于压抑状态，就会产生焦虑、负罪感等心理障碍，这对孩子未来的成长是非常不利的。

◆ 不要求全责备

很多父母通常不“满足”，孩子考试由60分考到了70分，还觉得进步不够；孩子从70分考到了85分，还想让孩子考95分；好不容易孩子考到了95分，就要求孩子考100分；考了一次100分，就希望孩子次次考100分……他们总是希望孩子每次都进步、次次都考好、门门都考100分。在这种求全心态的驱使下，当孩子认为自己无法达到父母的要求的时候，就会产生自卑感，丧失进步的动力。

◆ 不要挖苦孩子

当孩子的成绩不理想或退步时，为了激发孩子的自尊心，有些家长会讽刺、挖苦孩子，让孩子在“不服气”的状态下奋起努力。然而，这种方法只在特殊情况下对个别孩子有用，绝大多数情况下都会严重伤害孩子的自尊心，使孩子失去自信心和自觉性，产生自卑感等。

◆ 不要冷淡孩子

在孩子学习成绩不好时，有些父母会对孩子很冷淡，既不管孩子的学习，也不过问孩子的考试情况，甚至将孩子当成空气一样不存在。在这样的情况下，孩子缺乏父母之爱，得不到家庭的温暖，心理上就会变得孤僻和偏激，情绪也会长期低落，自然也没有心思努力学习。

◆ 不要粗暴对待孩子

有些父母“望子成龙”的心理过于迫切，一旦孩子实现不了目标，就恨铁不成钢，心急火燎。不是对孩子横加指责，就是严厉处罚，这些都会严重伤害孩子的身心健康。

不要用条条框框束缚孩子，还孩子完整的成长人生

在孩子成长的过程中，父母不要做监督、管理者，而要做他们解惑的顾问，做听他们说心事的观众，做他们的好朋友！要让他们自由发展，不要用过多的条条框框去束缚他们。

在一期《读者》上看到这样一篇文章：

数学考试前，老师突然宣布：“今天，李香香不能参加考试了，因为她的爷爷去世了。”同学们听到这个消息后，一片欢呼，拍手叫好！原来，这位同学在班里数学总考第一，因为她爷爷是数学教授。现在她爷爷死了，同学们就能超越她了。

孩子的这种“兴奋”，着实让我们感到一种冷漠、一种后怕。当一个人对分数的追求超越了对生命的敬畏的时候，还有什么事情做不出来！

孩子为什么会对“第一名”情有独钟呢？我觉得有以下几个方面的原因：

第一，好胜心和表现欲。每个人都想考“第一”，希望自己表现优异，这是一种很正常的现象。

第二，父母都盼着孩子成龙、成凤，对他们的期望非常高，希望他们能成为佼佼者，样样拿第一。

第三，这是个竞争的社会，孩子们从小就受到竞争意识的熏陶，不自觉地就形成了和别人去抢、去争的好胜心理。

第四，中国的教育虽然提倡素质教育，不以考试成绩论英雄，但对于学生学习情况的评价缺乏合理、有效的方法，目前还是只能通过考试来评估学生的学习。这就在学生和家长中形成了这样一个误区：只要分数高，就能有出息！

彭衢杭千里轮滑去恒大皇马足校
在江西南城县

可是，考了第一，固然能使孩子树立自信心，认识自我、赏识自己。如果失败了呢？孩子会不会灰心丧气、一蹶不振，甚至自暴自弃呢？在孩子成长的过程中，作为家长，不要一味地强调成绩的重要，而忽视了对孩子心理和精神的关怀和抚慰，应该经常反思一下，我们对孩子的要求是不是过高了？孩子承受的压力是不是太大了？

家长要帮助孩子放开包袱，以一颗平常心来对待每一次考试。考试后，要帮孩子客观地分析，让孩子意识到自己的优点和不足，让他们明白生活是有得有失的，以及这次考试失去了什么、得到了什么……从而让孩子学会正确看待生活中的得失，学会承受挫折，培养抗压能力。

如果孩子具有攀比、争强好胜的心理，家长应开导孩子：不仅要横向比，还要纵向比；不要总和别人比，也要和自己比。只要比以前有进步，只要把以往未知的领域变成了已知的领域，就是一种成功，就是父母心目中的第一名。

回忆自己的学生时代，我也曾经被繁重的学习重担压得喘不过气来；也曾因为不想辜负父母的期盼，拼命地想拿第一；也曾在失败后泪流满面，情绪低落，甚至怀疑和否定自己；也曾为了拿第一，甚至想到了用某些不诚实的手段……难道我们的孩子也要活得这么累吗？不，绝不！

现在的孩子，肩上的担子比我们当时还要重，他们不仅承载着父母的希望，还有祖父母、外祖父母、亲戚、朋友们的期盼，我们不要过早地让他们被压倒。在孩子成长的过程中，父母不要做监督、管理者，而要做他们解惑的顾问，做听他们说心事的观众，做他们的好朋友！要给孩子更多的空间，让他们自由发展，不要用过多的条条框框去束缚他们。

彭水明、彭衢杭参加家庭教育论坛合影

孩子的能力，是在动手的过程中形成的；

孩子的自信，是在自己做事的时候培养的；

孩子的自主意识，是在父母放手的情况下才能逐渐养成；

孩子对自我良好的认识与肯定，是在身心投入的过程及其劳动果实中确认的。

……

所有的这些优良品质、能力，都是孩子将来成功的基石，缺一不可。而这些，都是在父母充分给孩子自由成长空间的情况下才可以获得。

父母给孩子自由的成长空间，就要给孩子自由支配的时间，让孩子去做他想要做的事情，让孩子自己思考、自主决定。同时，要培养孩子管理自己的能力。因为孩子小，父母在放手的时候也要进行关注，及时给予孩子引导和呵护。

父母给孩子自由空间，不是对孩子放任自流。父母要把握好这个度，既有放手又有关注，否则，本意再好都有可能带来不好的结果。

给孩子自由的成长空间，就是要让孩子在民主的家庭环境中成长，使他学会宽容和谦让、理解和融洽，并使其求知欲得到满足，人格得到健康发展。

◆ 培养孩子独立生存的能力

独立自主是健康人格的表现之一。从小学会独立生存的技能，对自己的生活、学习质量以及成年后事业的成功和家庭生活的美满都将产生重要的影响。

父母应该尽早入手，培养孩子独立生存的能力，不能只关注孩子身体是否健康、学习成绩是否优异，而更应该关注孩子的精神是否独立、人格是否成熟。

让孩子在社会上能自立、自强地生活是教育的最终目的，要在实际生活中让孩子经过锤炼，学会独立生存。

◆ 给孩子独立自由的空间

父母应该给孩子独立自由的空间，只要孩子不伤害到自己，不侵犯别人，不破坏环境，都可以自由自在地活动。

父母还可以根据自家的条件给孩子安排一个独立的房间，在这里孩子享有充分的自由。孩子可以在这里休息、玩耍、学习、发泄不满等，这对于孩子身心的和谐发展以及能力的培养都非常有益。

◆ 给孩子自由支配的时间

在不影响孩子学习的情况下，给孩子充分的自由时间，有利于孩子学会自主地安排事情，提高生活的独立决断力。给孩子更多自由支配的时间，会使孩子更加快乐，学会独立思考，这些都可以为孩子创造能力的培养打下坚实的基础。

家长会做“土教练”，孩子快乐又幸福

作为家长，要把孩子培养成品德高尚、身心健康、兴趣广泛、阳光快乐、均衡成长，长大后能自食其力，不成为家庭的包袱（啃老一族）、社会的负担（违法乱纪）的人。

资料表明，我国有近 3/4 的家长，教育方法欠妥或有严重偏离，只有 1/4 的家长教育比较科学。很多专家呼吁家长们，不要以为教育孩子可以无师自通，而应该通过各种方式学习科学的教育方法，树立正确的教育观念，促进孩子的全面发展。

我认为，作为家长，在培养孩子时，最低目标是把孩子培养成品德高尚、身心健康、兴趣广泛、阳光快乐、均衡成长，长大后能自食其力，不成为家庭的包袱（啃老一族）、社会的负担（违法乱纪）的人。最终目的是在家长、老师的正确教育、引导下，让孩子自己去选择恰当的人生目标，追求适合自己的幸福人生。家长应该记住以下六句话：

• 家长会做指挥家，孩子必是实干家。

• 现实恰恰相反，很多孩子成了“优秀”的指挥家。

• 懒惰愚忠“坏”家长，勤快聪慧好孩子。

• 在这里，我将“坏”加了引号，因为那是相对于那些错误的好而言的。

彭水明参加杭州网论坛

• 家长表现太强势，孩子肯定装无能。

• 家长们常常会不经意间去显示自己很能干，什么事情都给孩子包办代办了。那么，孩子除了装无能，还能做什么？

彭衢杭千里轮滑在浙江常山县

• 学习学业很重要，品德身心更迫切。

现在，很多家长都把时间和精力花在了学业学习上，认为除了学业其他什么都是没用的。可是，我要说的是，现在很多出问题的孩子缺少的就是这些没有含金量的能力的培养。

• 品德身心归家长，学业学习靠老师。

现在，有些家长要么什么都管，要么什么都不管，要么胡乱瞎管……今天，在应试教育的逼迫下，学校只能以学分教育为主，品德、身心教育大多流于口头。要想让孩子健康成长，家长就要承担起自己的责任，让孩子接受良好的品德教育。

• 分工协作齐努力，健康成长见成效。

家庭成员要分工协作，一起努力，只有这样才能让孩子健康成长。

孩子经常出现的问题和主要原因

1. 孩子不服家长老师管教，源于家长教育理念各不相同。
2. 孩子缺乏自信自立能力，源于家长盲目扼杀代办包办。
3. 孩子依赖性强不能坚持，源于家长的过度表扬或批评。
4. 孩子表现固执任性霸道，源于家长孩子之间过分民主。
5. 孩子犯了错误屡教不改，源于家长滥用奖励缺少惩罚。
6. 孩子身体脆弱而且多病，源于家长剥夺锻炼胡乱投医。
7. 孩子自私自我没有追求，源于家长溺爱放纵过于能干。

第二章
培养自立的品格，让孩子获得成就一生的财富

溺爱是一副枷锁：家长常见的十大溺爱方式

溺爱，是一种失去理智、直接摧残儿童身心健康的爱。家长一定不要陷入其中，否则对孩子未来的成长是非常不利的。

今天，绝大多数做父母的都知道溺爱孩子有害，可是很少有人能够分清楚究竟什么是溺爱，更不了解自己家里有没有溺爱？

溺爱，是一种失去理智、直接摧残儿童身心健康的爱。在这里就给大家介绍10种典型的溺爱形式。这些形式，不一定会出现在每个家庭中，但是对于普通家庭来说，总会占有几种，或各种都有轻度的表现。我们要以合理的爱，来保护孩子的健康成长。下面几种溺爱的形式，需要家长们引以为戒：

◆ 特殊待遇

今天，绝大多数的孩子都是独生子女，孩子在家庭中的地位高人一等，不管做什么事都会受到特殊照顾，比如：吃“独食”，好的食品放在他面前供他一人享用；过“独生”，爷爷奶奶可以不过生日，孩子的生日则一定要过，而且要买大蛋糕、送礼物，条件好的蛋糕小了都不行，礼物便宜了都不行……这种情况出现的多了，时间长了，孩子就会变得自私，没有同情心。

◆ 包办代替

有些家长心疼孩子，不让孩子劳动；有些家长嫌孩子麻烦，不让孩子帮忙……所以，孩子长到三四岁了还要妈妈喂饭，还不会穿衣；五六岁了还不会做任何家务事，不懂得劳动的愉快……这样包办下去，孩子怎么会成为勤劳、善良、富有同情心、能干、上进的孩子？

◆ 剥夺独立

为了绝对安全，有些父母不让孩子走出家门，不许他和别的小朋友玩，有些甚至让孩子每时每刻都不能离开自己或老人一步，搂抱着睡，依偎着坐。这样的孩子会变得胆小无能，养成依赖心理；在家里横行霸道，到外面胆小如鼠，造成严重的性格缺陷。

◆ 大惊小怪

俗语说得好：“初生牛犊不怕虎。”孩子本来不怕水，不怕黑，不怕摔跤，不怕病痛。可是，随着年龄的增长为什么有的孩子胆小爱哭了呢？很多时候是由父母和祖父母造成的。孩子有病痛时，大人们会惊慌失措，娇惯孩子，这就为孩子打下了懦弱的烙印。

◆ 过分关注

孩子是家里的“中心”，大人们每时每刻都在关照他，陪伴他。过年过节的时候，大人坐成一圈，会把孩子围在中心，七嘴八舌地谈论孩子。这样做，会让孩子自认为自己就是中心，会让其变成“小太阳”。如果有人不围着他转，他就会不高兴。

◆ 生活懒散

有些家长没有给孩子的饮食起居、玩耍学习定规律，孩子想怎样就怎样，睡懒觉，不吃饭，白天游游荡荡，晚上看电视到深夜等，早上不起床……这样，孩子就会缺乏上进心、好奇心，做人得过且过，做事心猿意马，有始无终。

◆ 害怕哭闹

有些父母从小就迁就孩子，当孩子以哭闹、睡地、不吃饭来要挟父母时，他们就会哄骗、依从、迁就孩子。事实证明，害怕孩子哭闹的父母是无能的父母，会在孩子性格中播下自私、无情、任性和缺乏自制力的种子。

◆ 祈求央告

有些家长为了让孩子吃饭，会哄孩子、求孩子。当得到家长的承诺之后，孩子才会吃。其实，你越央求他，他越会扭捏作态。这样的孩子长大后往往不能明辨是非，没有责任心，小气拘谨。

◆ 当面袒护

有时爸爸管孩子，妈妈会护着：“不要太严了，他还小呢。”有时父母教孩子，奶奶会站出来说话：“你们小的时候，还没有他好呢！”这样的孩子长大后缺乏是非观念，性格扭曲。

◆ 轻易满足

很多家长，孩子要什么就给什么。有的父母，平时会给孩子很多零花钱。这样做，会让孩子养成不珍惜物品、讲究物质享受、浪费金钱和不体贴他人的坏性格。

给孩子自由成长的空间

真正爱孩子，就应该给孩子长大的空间和机会，让他们在实践中学到爱别人的方法，因为从某种意义上说，只有真正学会爱别人，才会更好地爱自己！

今天，很多家长都没有平等地看待自己的孩子，总是认为孩子没长大，老是一厢情愿地觉得孩子这个不会那个做不了，不是担心这个，就是担心那个……可是，要知道，如果父母不给孩子尝试、学习、锻炼的机会，他们怎么会真正长大呢？

在孩子很小的时候，我就认为孩子是个小大人。之所以说他是个小大人，主要是因为孩子很多事情还不懂，很多事情还不会，等到他将绝大多数的事情弄懂了、学会了，自然也就成为大人了。因此，对于大人来说，主要任务就是尽快把孩子不懂的事情教懂，不会的事情教会；孩子的任务则是尽快地学懂、学会，而不是一味地代办、包办。

在儿子很小的时候，我就喜欢带他去外面玩。我坚持一个原则，不牵着他的手走；但我会在安全的范围内观察他，一旦发现了不正确的举动，就会及时地制止，或者提醒他该怎么做。时间长了，他自己就能应对各种问题了。

当然，我更不会抱他，出去玩的时候必备的东西自己背，例如：如果自己要喝水，就自己背个小水壶。在外面玩的时候，原则上我是不会买这些的，因为外面买水很贵，比如：一瓶水要 2 元钱，如果是家里，2 元钱就可以买一大缸自来水了。老家农村里有缸，他有这概念。

我带他出去玩，到了目的地就会找一个视线范围很广的地方坐下，然后让他自己去找其他小朋友玩。开始的时候，他也不乐意："我们不认识，不去。"我就开导他说："你想和老爸玩？那我们就回去在家玩好了。既然出来了，就要敢于和陌生人玩。再说，你刚出生的时候，老爸也是陌生人哦！"听了我的话之后，他就尝试着主动去找其他孩子玩了。

彭水明接受浙江教育电视台访谈

有一次，儿子和小朋友玩得很起劲儿，一直没回头看我。我故意躲在了一棵大树后面，等他发现我不在时，就拼命地喊我。看他很紧

彭衢杭周末轮滑环游杭州西湖

张时，我才走出来，告诉他：“我不高兴。”

他歪着头看我，我就告诉他：“我感觉你玩的不需要老爸了，都不乐意回头看我了，当然不高兴了。”他说：“那我以后就不和他们玩了。”我说：“那可不行！不是不让你和他们玩，是让你玩的时候看看老爸还在不在，因为，你要管牢老爸的哦！”他点点头又去玩了，这次回头的概率就高了。

做父母的总希望孩子能早点长大，特别是希望他们能在思想上、心理上真正长“大”。可是，想一想，我们给了孩子多少真正长大的机会呢？在独生子女普及的今天，又有多少家长懂得如何才是真正关心孩子的成长呢？

很多家长一面抱怨现在的孩子缺少爱心，不懂得感恩；一面又拼命地为孩子做他们本该自己做的事情，过度地呵护、溺爱。这样做，孩子就会失去很多成长的机会，一旦养成习惯，怎么去爱别人呢？

真正爱孩子，就应该给孩子长大的空间和机会，让他们在实践中学到爱别人的方法，因为从某种意义上说，只有真正学会爱别人，才会更好地爱自己！

不能用现行的教育体制认定“好孩子”的唯一标准来要求孩子

在孩子的成长阶段，如果拘泥满足于传统观念上的“好孩子”标准，那么等他们长大成人、走出校门之际，就会成为现代社会的落伍者。

不可否认，任何一个父母都希望自己的孩子是个“好孩子”。虽然，目前对“好孩子”还没有一个明确的、权威的界定与标准，但做家长的都会根据自己的体验，参照周围成功人士的模式，勾画出自己心目中“好孩子”的标准。

最近，由《知心姐姐》杂志完成的一项关于“父母与孩子沟通现状”的调查就涉及了大多数家长心目中“好孩子”的标准。

当问到“您最满意自己孩子哪一点”的问题时，在来自全国 18 个省（自治区、直辖市）的 1904 名父母中，38.23% 的家长满意于自己的孩子“有良好的学习习惯”“学习刻苦认真”“自觉主动学习”；15.6% 的家长对自己的孩子“诚实、真诚、守信、拾金不昧”表示满意；12.34% 的家长满意于孩子“勤快、做家务”；11.08% 的家长满意于自己的孩子“听父母和老师的话”；而满意孩子“有创造力、

彭水明在农村老家贴春联

想象力丰富”的家长占2.68%，排在第18位……

由此可以发现：爱学习、诚实守信以及勤快和听话是绝大多数家长心目中“好孩子”的标准，而独立意识、创新能力、合作交流等并没有被家长们所广泛认同。也就是说，家长对于“好孩子”的标准仍然停留在传统的层面上，而作为“现代人”所应该具备的素质，并没有随着社会的发展与进步及时在家长的教育观念上得以确立和体现。

诚然，听父母话、听老师话、学好知识、诚实努力的孩子确实也是“好孩子”，是绝对没有错的，也是我们多少年来一直所恪守的准则。可重要的是，今天的社会已经获得了很大的发展和变化，在孩子的成长阶段如果还拘泥满足于传统观念上的“好孩子”标准，那么等他们长大成人、走出校门之际，就会成为现代社会的落伍者。

“好孩子”作为一种教育理念，作为对孩子的一种评价行为，自然会对孩子产生相对的导向和激励作用。家长心目中的“好孩子”形象，无疑会成为孩子追求的目标，因此，他们在自己的学习、生活中就会以家长心目中“好孩子”的标准去要求自己，努力做一个“好孩子”。

家长心目中的既定“好孩子”标准，不仅决定着家长的教育理念，还会对家长的教育行为和方式方法造成影响。家长会通过自己平时的言语行为去要求、影响孩子；孩子在通常情况下也会完全按照家长的意愿、期望去表现自己。长此以往，就容易形成符合家长心态的思想理念、行为准则、个性特征，所以家长关于“好孩子”的标准，会对孩子造成潜移默化的影响。

彭衢杭在农村老家贴春联

如今的时代是竞争的时代，是需要具备

现代人素质的时代，而现代人素质最突出的就是要有创新意识、独立思考能力、与人合作交往能力等，是否具备这些素质，将决定一个是成为时代“弄潮儿”，还是时代落伍者的重要标志。

当然，有些能力是需要学校的教育培养的，但作为家庭，同样应该把这些观念和教育内容放在重要的位置，“好孩子”标准也要与时俱进。

如果你真正地爱孩子，就应该为他们的长远发展考虑，就要为他们尽快地适应社会、融入社会考虑。因此，家长只有不断地更新自己的教育观念，重新定义“好孩子”的标准，与时俱进，才能切实指导自己的家庭教育，并在家庭教育中有目的地培养孩子具备现代人的素质。

家长要成为一名优秀的指挥家，不要成为一名勤劳的实干家

不要总是把孩子看成是长不大的笨孩子，其实有时他们比大人更聪明、更能干！我们一定要相信孩子，给他们更多的机会，让他们变得更有出息！

或许是由于农村苦孩子的出身，自己又是一个政法媒体的从业者，因此我对当今孩子的教育问题，特别是独生孩子的教育问题很重视。

今天，通过各种媒体、网络，我耳闻目睹了现实中一些孩子的反面例子，可难道这是孩子的错吗？我觉得，家长负有不可推卸的责任。正因为在孩子刚会走路说话时，在还没有正确的思维能力和动手能力时，我们没有很好地把他们教懂和教会，而是代办和包办，才造成了如此众多的独生子女后遗症。

如果家长不能改变这种教育方式，任其发展下去，后果很严重。在这里，我要为孩子们呼吁——不要总是把我看成是长不大的笨孩子，其实有时我比你们更聪明和能干！请你们相信我！给我更多的机会，这样我会变得更有出息！

不容置疑，现在很多孩子都动手能力差、自私、虚荣心强、以自我为中心、没有责任心……凡此种种，不得不引起家长的深思。当孩子存在这方面的问题时，我们该做些什么？

我是一个严厉的父亲，但更是一个用心的父亲。我认为，自己的儿子是个动手能力强、爱好广泛、勤奋好学、懂事明理的孩子。虽然有时也有些小毛病，我不敢说将来他会有多优秀，但我坚信将来他肯定能自食其力，不会成为家长和社会的负担。

我认为，做家长的要成为一名优秀的指挥家，而不要成为一名勤劳的实干家。因为你的指挥会给孩子提供实干的机会，你的孩子才会成为一个自立而勤劳的实干家。难道家长们不希望这样吗？

记得，我儿子刚学会走路时，我就告诉他：走路要注意看路，眼睛不能东张西望，否则就有可能摔倒。可有一次，出去玩的时候，由于玩得太开心了，他就忘了看路，结果摔倒了。我妈急着要去抱他，我说：“必须让他自己起来。”他看没人过来就哭了。我走过去说：“你再不起来，爸爸的脚就要踩过来了哦。”听了我的话，他立刻就爬了起来。

彭水明、彭衢杭参加家庭教育论坛和俞敏洪、郑强合影

我对他说：“你知道，我为什么要让你自己起来吗？首先是你自己没看路，责任不在家长；还有，你是个小大人，还好意思哭，这可

是很难为情的事，自己爬起来都不会，以后你一个人出去玩的时候摔倒了，难道就不起来了吗？万一有车子压过来，你不就没有爸爸、妈妈了吗？你希望这样吗？”从那以后，儿子如果一不小心摔倒了，从来都不会喊我们，更不会哭了。我相信，这样的孩子将来一定是个坚强自立的人。

巧做懒惰家长，培养勤快孩子

孩子总有长大的一天，面对竞争日益激烈的社会，一个缺乏独立性的孩子是很难适应社会需要的。孩子的童年决定了他的一生，父母要在适当的时候放手，让孩子独立成长。

生活中，我们经常会看到这样一种场景：家长帮孩子整理书包、衣物，事无巨细都帮孩子打理得好好的，孩子想要什么就可以得到什么……其实，父母过于勤快，反而会教育出懒惰的孩子，父母不妨“懒”一点。父母的教育观念要更新，不要事事包办。

在中国人的传统观念里，父母都想把孩子的一切都安排得妥妥当当的，可是孩子总有长大的一天，面对竞争日益激烈的社会，一个缺乏独立性的孩子是很难适应社会需要的。孩子的童年决定了他的一生，父母要在适当的时候放手，让孩子独立成长。

我觉得，一个懒惰的家长会培养出一个勤劳的孩子，因为你的懒惰会给孩子创造自立的机会。帮孩子包办一切，在父母眼里是爱，但对于孩子来说却不是。

孩子的一切思维都是在学习中建立的，他们明辨是非的能力不是天生的。如果父母不告诉他亲情是什么，自己为什么要对他那么好，孩子就会自然而然地认为这就是父母应该做的，就应该帮助他做一切事情。如果这些事情在他们的认知中都是父母的责任，他们不仅不会有感恩的意识，一旦出现问题还会将责任归咎于父母。因此，如果父母太过勤奋，最后可能会吃力不讨好，自食其果。

现在，很多孩子吃饭要家长喂、上学书包要家长背、衣服让家长帮着穿……也许，很多家长会说这都是些小事，那么我要问：连这样的小事也不愿意做或不会做，你还想指望孩子将来做什么大事和难事呢？难道到时候家长也是包办、代办吗？更何况有些事家长能办得了吗？

我在孩子会说话走路时，就告诉他你是个小大人了。你和大人的区别就是很多事你不懂也不会做，大人的任务是把你教懂教会，你的任务是尽快地学懂学会，那样你就是个名副其实的大人了。爸爸小的时候很多事没学懂学会，现在很后悔，你不希望和爸爸一样吧？你自己努力一下，能做的事都自己做，有些事等你学会了再教我们。

很多人说，我儿子的独立性很强，这个我是刻意培养的，从小时候吃饭开始的。

儿子刚上幼儿园的时候，有一次我去参加一个家长会。有个看上去很有文化品位的家长问老师：“为什么不教孩子认字数数呢？”老师不知道怎么回答。这时候，我站起来说：“这位家长，请问你的小孩会不会自己吃饭？”她说：“不会。”我说：“那怎么办？”她说：“当然要人喂了。”我问：“在家里要喂多长时间？”她说：“半个小时。”

我又问老师：“班上有多少小朋友？”老师说：“有 40 个。”我说：“一个小朋友半个小时，40 个小朋友，光喂饭差不多要一天一夜了，还能教什么功课呢？”我又问老师：“我儿子吃饭怎么样？”老师说：“很不错！他不仅自己吃，还喂刚才那位家长的小朋友吃饭……”

彭衢杭参加浙江星际小记者评选接受采访

儿子从4岁就会用筷子吃饭了。刚开始不会用，搞得乱七八糟，他奶奶要拿汤匙，我说：“不要拿，就让他用筷子吃！”孩子天生就有好奇心，有学新鲜事物的兴趣，可能大人一个举动就扼杀掉了。

用汤匙就像爬，用筷子就像走，他刚刚开始想学走，你又让他回去爬！有些家长觉得，迟一点学会用筷子不重要。可是，我觉得，应该学会的东西，就要让他们尽早学会，越早越好。

有的时候，我们过度关注，过度提示，反而会给孩子带来压力。在孩子的成长过程中，有时我们可以做个“懒家长”，这个懒限定在一个范围内：不要多管孩子，不要替孩子做事。

孩子的学习跟我们成人的学习是不一样的，比如：扣纽扣。我们是一个一个地对牢，这在心理学上叫一一对应，你帮他做好，那他做什么呢？

有些孩子，眼睛往那里一看，水来了；再一看，吃的东西来了……不用动脑子，那他怎么发展呢？依赖性太强，学习能力就会被剥夺，所以有时候，家长要适当地懒一点，孩子在摸索的过程中，会学到很多东西。

孩子所学的技能要在家长引导下自愿去学

让孩子学习技术，不但不能发展其才能，反而会扼杀其才能。只要能尽早开始正确的教育和引导，孩子们完全可以拥有非凡的才干。

今天，有些父母为了让自己的孩子不输在起跑线上，将来能“成龙成凤”，在安排孩子的学习内容时常常盲目跟风。舞蹈、钢琴、绘画、外语、书法……投入了大量的精力与财力，却没有真正考虑孩子的实际兴趣和爱好。

有的父母在孩子兴趣、爱好的选择上有较强的功利心，对一些与孩子考试、升学有关的，或是感觉上高雅的，就盲目地积极支持、鼓励。而对于一些孩子真正喜欢却不符合父母标准的，就盲目制止、否定。

俗话说：“兴趣是最好的老师。”兴趣可以使孩子的智能得到最大限度、最持久的发挥。当孩子做自己感兴趣的事情时，往往能够全力以赴；相反，如果父母要求孩子放弃他极感兴趣的事情，做一些他不喜欢做的事情，孩子必然与父母发生冲突，难以有所成就。然而，生活中总有许多父母无视孩子的兴趣和爱好，强行剥夺孩子的兴趣，其结果必然会束缚孩子的发展。

培养孩子的能力，必须讲究“在合适的年龄做合适的事”。如果违反了生长规律，不但会加重孩子的负担，还会影响他们的健康。

现在，社会上流行一种“技能教育”，很多家长误以为，学习各种技能对孩子是有百利而无一害的。有的父母甚至从幼儿园开始就督促孩子学习英语、钢琴、算数、国语……实在令我万分钦佩！不过，我还是要提醒各位，让孩子学习技术，不但不能发展其才能，反而会扼杀其才能；只有尽早开始正确的教育和引导，孩子们才可以拥有非凡的才干。遗憾的是，父母们却还不停地埋怨孩子不够用功、成绩不好。

彭衢杭书写毛笔字“龙”

有些父母买礼物去拜访老师，希望他们能对自己的小孩特别关照……可怜天下父母心，这样的情景既让人感动，又让人同情。这些父母是真的爱自己的孩子，但却不知道怎么去爱。要知道，成绩不好的孩子即使能勉强升级，心中也会留下阴影。父母应当多与孩子沟通，要多从自己身上找原因，并认真学习教育孩子的技巧。

孩子不是宠物，用养宠物的方法来教育孩子自然是不行的！

引导孩子自觉做家务，培养孩子的动手能力

孩子喜欢自己劳作、自己生活，喜欢从劳作中得到快乐、从动手中获得各种知识和技能。孩子能做到的，就让他自己做，自己的事情自己做，才是对孩子的尊重。

很多父母抱怨自己的孩子不会做家务，自己的事情都做不好，在学校住校一周还要把脏衣服带回家让父母帮着洗，自己不会洗衣做饭。孩子不会做家务，归根结底是父母的责任，是父母没有从小就开始教会孩子学习做家务。

研究发现，那些从小就参加家务劳动的孩子，学习成绩和解决问题的能力一般都比较好。他们成年后的工作效率也高，人际关系也比较融洽，生活也过得好些。因此，我要说，那些替孩子做每一件事的父母是在犯错误。

彭衢杭在农村

孩子具有一定的自我反省和自我教育的能力，他们喜欢自己劳作、自己生活，喜欢从劳作中得到快乐、从动手中获得各种知识和技能。孩子能做到的，就让他自己做，这才是对孩子的尊重。

父母可以这样指导孩子做家务：

• 以学会生活自理和必要生活技能为目标，引导孩子理智做家务，不感兴趣的事情也可尝试和逐步学会；将做家务作为学习过程中的休息和调整，而非负担。

• 帮助孩子形成家务劳动的习惯，善于与家人分担、分忧，而不以某种借口消极怠工。

• 家人要多互动，相互评价做事的成果。孩子要有发言权，让他们改进自己的工作。

• 为了让孩子意识到自己的责任和义务，家务要分工合作，全家人都有各自任务。

• 孩子的劳动应受到尊重、鼓励和肯定，父母的积极态度可起到正面推动的作用。

• 为了帮助孩子掌握正确的方法，开始时，家长要和孩子一起做家务劳动。

家务劳动是维护家庭生存和日常生活运行的必要程序。每个人对家务劳动，都有相应的责任和义务，未成年的孩子也不例外。

今天，许多国家在相关的立法中，都规定了孩子做家务劳动的时间，对不同年龄的孩子，从 20 分钟、30 分钟到 1 小时、2 小时不等，并将此纳入对中小学生的评价中。孩子的能力和思维的发展，正是从做简单家务和生活自理开始的，这才是真正的“起跑线”。

孩子的聪明在手指尖上，会做家务的孩子双手灵巧，思维敏捷，能力全面，必将为您的孩子未来的事业发展和家庭幸福奠定坚实的基础……让孩子做家务的好处有很多，为了培养孩子热爱劳动的好习惯，一定要从小就开始培养孩子做家务。

让孩子假期回农村，丰富生活体验

与其花大钱带孩子到国内名胜古迹或者到国外旅游，倒不如多带孩子去农村游玩，看看农村风貌，看看农业耕作，感受农村生活，效果会更佳。

2012年10月3日，儿子和我回到了衢州老家。看着田野里的水稻、山坡上的橘子在阳光照耀下金光灿灿，心想今年又是一个丰收年。

晚上睡觉前，当知道爷爷、奶奶明天要割稻的时候，儿子异常兴奋。这次回衢州，主要是为了让儿子看望爷爷、奶奶。儿子小时候和爷爷、奶奶一起生活了一段时间，老人为孙子付出了很多。

当时，本来有个朋友邀请我和他一起去吃中华鲟鱼的，衢州有个专门养鲟鱼生产鱼子酱出口的基地，能去那儿吃鲟鱼可是美差。可儿子还是决定不去吃鲟鱼了，留下来帮爷爷、奶奶割稻。我觉得，这样既可以帮助爷爷、奶奶，让孙子报答他们的养育之恩，也可以让孙子得到锻炼，于是就同意了。

第二天一早，儿子就和爷爷、奶奶出发了。到了田里，儿子发现竟然有比他们来得更早的农民伯伯，看看时间，才7点不到，他们早已汗流浃背。

彭衢杭五一假期在农村帮爷爷、奶奶割稻

见到这种场景，儿子想到了自

己体育运动时挥汗如雨的快乐场景，便迅速地拿起锋利的镰刀。不一会儿，十多把稻穗就被儿子拿下了，儿子心里得意扬扬。他转身看了看爷爷、奶奶，早已将稻穗叠成一个个小山包那么高了，唉！儿子终于明白了什么叫井底之蛙。

爷爷好像看穿了他的心思，就主动告诉他：“割稻，除了力气还要有一定的经验技巧，割多了熟练了也就快了。”爷爷耐心地教了儿子割稻的技巧，儿子的速度明显增快了。

临近中午，慢慢地年轻有活力的儿子，割稻速度竟超越了爷爷、奶奶。休息时，儿子拿过爷爷、奶奶的手看着，抚摸着，苍老黝黑的手上满是老茧，可他们却感到很幸福。儿子也明白了为何他们不愿意到杭州来和我们一起生活，因为他们的梦想在农村，只有在农村通过自己的辛勤劳动才能实现属于他们的梦想。儿子从心里由衷地敬佩已经70岁的爷爷和64岁的奶奶。

虽然儿子的手上也起了好几个水泡，可他的脸上却露出了喜悦。我相信，经过一次次的磨炼，水泡就会变成老茧，儿子的意志力也会随之变得更强大，就像一个个老茧一样坚不可摧。

儿子在自己的日记中写道：“……晚上在床上，我辗转反侧。心想，丰收实现了爷爷、奶奶的梦想，可是如果没有播种、插秧、施肥、防虫、浇水等一步步艰辛的付出，哪能实现丰收的梦想？我想当一名优秀的军人，可是要想实现做优秀军人的梦想，没有努力拼搏是不行的。一名优秀军人需要高尚的品德、健康的身心、坚强的毅力、超人的智慧，而这些能力的培养首先要从小从身边的小事做起。品德、身心、毅力、智慧是要在学习和生活中积累，只有通过自己的努力拼搏，才能实现我的梦想。”

这次去农村，不仅磨炼了儿子的意志品德，掌握了割稻的技巧，也让儿子体会到了农民的艰辛和乐观向上，还让他明白了日积月累的重要性。虽然看似普通的小事——割稻，对于儿子来说，却是件非常有教育意义的大事。

今天，随着人们生活水平的提高，放假后有些家长会带着孩子出国旅游，理由是想让孩子见见世面、开阔眼界。其实，除了这些发达的国家和城市，更要让孩子去偏远落后的农村去感受和体验一下农民伯伯的真实生活。相信，他们会从农村和农民伯伯那儿学到在城市永远学不到却对自己更有意义的学业以外的各种能力。这些能力会让他们变得更勇敢、更坚强、更阳光、更健康、更睿智、更幸福！

与其花大钱带孩子到国内名胜古迹或者到国外旅游，倒不如多带孩子去农村游玩，看看农村风貌，看看农业耕作，感受农村生活，效果会更佳。想想，城里孩子从小就生长在城市中，见到的都是高楼大厦、车水马龙，很少能领略到田园风光；农村则是个广阔的天地，对于城里的孩子来说，农村有着许多新奇的东西和特有的文化，有更大的教育意义。

让孩子看看美丽的田野，了解农民劳作的艰辛，甚至让他们参加些简单的劳动，会无形中增长孩子的见识、开阔视野、启迪思维。最重要的是，可以让他们感悟到衣食来之不易，从而让孩子从小尊重劳动、热爱劳动，自觉养成节约的好习惯；同时，通过观察与体会，会让孩子更加珍惜自己的学习环境，更加努力学习。这才是我们所追求的实践得真知的素质教育！这些对于他们今后的健康成长都不无裨益。

见到大人，叫声“叔叔”，让孩子礼貌待人

孩子不礼貌待人，做家长的逃脱不了责任。当孩子出现各种各样不文明、不礼貌的言行时，做父母的不要置之不理，也不能因为过分着急就对

浙江少儿频道小记者彭衢杭在做口播

孩子大打出手。

礼貌是人际关系的桥梁，俗话说："礼多人不怪。"只要有礼貌，一切都好办！有礼貌的习惯更常见于日常生活之中，比如：问早道好、见到亲友能主动打招呼，或是将"请""谢谢""对不起"时常挂在嘴边。

如果缺少了礼貌，一个人会被别人视为缺乏修养而受到排斥，甚至惹出不愉快的事情来，自己也得不到丝毫好处。正如列宁所说："礼貌是数百年来人们就知道的，数千年在一切处世格言上反复谈到的起码的公共生活原则。"

但在生活中，孩子不讲礼貌的现象屡见不鲜，比如：见人不打招呼，从来不说"谢谢""对不起"，用从电视里学来的话骂同学，去别人家做客时乱翻东西，刁难来自己家里的客人……有些家长认为，现代社会是个自由的社会，懂不懂文明礼仪没关系，只要学习好，有真本事就行了；也有些家长认为，小孩子天真无邪，长大了就会懂得文明礼仪了。其实，这些都是误解。

我儿子很早就会叫人了，抱到老家农村去，爷爷奶奶、伯伯叔叔、阿姨姐姐，认识的不认识的，都会叫。

有一次，儿子在学校门口，看到一个穿制服的保安，叫了一声："保安叔叔好！"人家扭头一看，儿子才发现对方是个女的。儿子当时很害羞，我说："没关系，叫错了改过来就行了，关键是一定要叫。"

有些家长认为学会叫人不重要，我却不这么认为！

打个比方，你对面走来三个孩子，只有一个孩子叫了你一声叔叔，你是不是对这个孩子印象深一点？第二天你看到这个孩子被别人欺负，你是不是会上去帮他？

他叫你一声“叔叔”，你可能就会问“小朋友你叫什么名字？上几年级？……”叫人是交往的开始。我希望自己的儿子长大后能够独立地在社会上生存，需要他到哪里，就能迅速和人熟悉起来。

俗语说得好：“养不教，父之过！”孩子不礼貌待人，做家长的逃脱不了责任。当孩子出现各种各样不文明、不礼貌的言行时，做父母的不要置之不理。当然，也不能因为过分着急就对孩子大打出手。当孩子产生反叛心理时，这种待人接物不礼貌的坏毛病更不容易改掉。

教孩子学会礼貌待人是一个潜移默化的过程，不可能一蹴而就，父母要有足够的耐心。

让孩子自己学会照顾自己

父母疼爱孩子，对他们呵护备至，这是无可厚非的。但是，孩子在成长的过程中，除了要学习课本上面的知识以外，更要懂得如何照顾自己。

自古以来，孩子的成长始终牵动着父母的心，尤其是在中国，大到人生规划，小到衣食住行，家长对孩子的照顾可谓面面俱到，无微不至。

父母对孩子的爱无可厚非，但是对于孩子的一生来说，独立的个性和自主的思想才是成就价值的砝码。在孩子渐渐长大的过程中，试着让孩子自己照顾自己，不仅会加快孩子成长的步伐，还会大大减轻家长的负担。

周五放学回家了，我打算送儿子去上城区教育学院考点。儿子考虑到那儿停车很不方便，加上要让我在那儿等他两个小时很辛苦，他就不让我送了。

儿子搭同学妈妈的车一起去了，可是没有想到的是，同学和他不是同一个考点，虽然离的不是很远，可儿子依然主动地和阿姨说："回去的时候，我会自己坐公交车，不用来接我了。"

为了不让我担心，儿子特意给我打了个电话，把情况和我说了一下。我说："如果下雨，我就去接你。"可儿子依然坚持自己坐公交车回家。因为，以前儿子出去的时候，如果遇到晴天，就会滑滑轮；如果遇到阴天，地上有水，他就骑自行车；遇到雨天，就乘坐公交车……对于儿子来说，这些都已经是轻车熟路了。

经过两个小时的紧张考试，儿子除了两道根本无从下手的题目没做以外，其他的还是做出来了。儿子只是担心自己会犯低级错误，出现不该出错的地方。

从开学到现在，儿子从来都没有参加过学业方面的课外辅导班。我觉得，能够代表学校去参加已经很不错了，这种竞赛对儿子来说，重要的是参与。我知道，这类竞赛很多题目都是学校课本以外的知识，这对于儿子本来就是个考验。

考完试出来后，很多家长都早早地在门口等着了，儿子自己来到了公交车站等车。有个同学在妈妈的陪同下和儿子坐同一辆车，她看到儿子自己回家，就问："你爸妈呢？"儿子说："在家。"她就很纳闷："为何在家也不来接你？"儿子说："我认为，这很正常，我不是小孩子了，这种事我自己完全可以做好，为何还要辛苦父母呢？他们工作已经很累了，应该让他们在家多休息一会儿。"

到家里之后，当儿子将整个过程告诉我之后，我表扬了他。因为我发现，

彭衢杭参加杭州市第十八届市运会足球比赛

儿子已经是个能够自己照顾自己的小大人了。

很多父母都不能摆脱“好父母是应该为孩子照应一切”的观念，不愿意给孩子学习及尝试照顾自己的机会。有的父母工作繁忙，把孩子托付给爷爷奶奶；爷爷奶奶更是观念陈旧，缺乏科学的育儿知识，对孩子过分的宠爱和呵护。有的事事包办代替，致使不少孩子养成了任性、懒散、过于依赖、随意浪费等不良行为习惯，有些孩子甚至不愿意自己走路，不知道冷暖，不会穿衣脱衣。

孩子因为未能学到应有的生活技能，只好依赖父母的帮助与保护，成为了“系在母亲围裙边的孩子”，内在的潜能无法发挥，缺乏决断及解决困难的能力。可想而知，这样的孩子将来是很难取得大成就的。

要让孩子学会照顾自己，很简单，只要家长肯放手让他去尝试，他就会在失败中学会成功。

孩子在成长的过程中，除了要学习课本上面的知识以外，更要懂得如何照顾自己。我相信，只有会照顾自己的人，才不会给别人带来很多麻烦；同时，也会懂得如何去照顾别人，这样的孩了长大后在朋友和同学中都是比较受欢迎的。

引导孩子形成正确的价值取向

正确的价值观是建立孩子一生人格的基石。如何引导孩子树立正确的价值观，帮助孩子迈向成熟而健康的人生是为人父母的必修课程，父母们一定要重视起来。

人生之路怎么走，直接受人生观的支配！

孩子有什么样的人生观，就有什么样的人生。有了正确的人生观，孩子就能走出光辉的人生、幸福的人生、有意义的人生；一旦树立了错误的人生观，往往会走向苦恼的人生、扭曲的人生，因此，树立正确的人生观，对孩子走完漫漫人生路十分重要。

孩子怎样才能树立正确的人生观呢？我觉得起码应确立“三观”，即正确的荣辱观、金钱观、道德观。这“三观”是人生观这座大厦中的三根柱子、三个支撑点。只有将这“三观”做好了，正确的人生观也就水到渠成了，具体来说：

◆ 引导孩子树立正确的荣辱观

我国古代的思想家历来十分重视荣辱观念，要让孩子清楚地认识荣辱观，不能混淆是非、善恶、美丑的界限；要明确坚持什么、反对什么，倡导什么、抵制什么。如果孩子荣辱观中存在问题，他们的生活道路就会变得曲曲折折。

今天，在一些公共场合中，有些墙面，或多或少都能找出一些这样的污迹：有的是笔画的、刀刻的；有的是文字，有的是图案；甚至还有外文……不管是污言也好，妙语也罢，这都是一种破坏公物的不文明行为。

很多人平时不注意小节，不注意对公物的保护。我们应该教育孩子，要以破坏公物为耻。在家庭生活中，要让孩子经常地、自觉地照照荣辱观这面镜子，光荣的事情要多做、争做，耻辱的事情应怕做、不做。

同时，还要通过各种形式，鼓励孩子积极参与学校各种活动，使孩子在集体的活动中，建立荣辱观。更重要的是，要让孩子从小练就立足于集体的意识和本领。

◆ 引导孩子树立正确的金钱观

今天，随着孩子手中钱财的逐渐增多，有些孩子经常会出现不良的金钱观，因此，我们要正确地引导孩子，让他们正确对待金钱，让孩子知道金钱来之不易，要懂得合理地支配金钱，合理的运用金钱。更要让孩子明白，金钱不是万能的，要养成正确的消费观、金钱观。

彭衢杭参加杭州市小记者活动

有的孩子使用的东西几乎是月月更新，文具盒换了一个又一个，书包买了一个又一个，各种笔已应有尽有，一有新式样就买。要告诉孩子，自己用的生活用品，是父母给自己买的，是他们对自己的爱，应该珍惜使用，不应该盲目攀比。

作为父母，不要使孩子误认为钱就好像

天上掉下的馅饼，永远也用不完。不管社会发展如何，勤俭节约、合理地支配金钱，是孩子必须明白的，要形成正确的道德观。

现在的学科知识丰富多彩，网络与我们的日常生活密切相关，允许孩子在网络上欣赏优秀影视作品，孩子会体会到作者在影视中所渗透的情感，从中受到教育。从影视作品中感受到作者那颗强烈的正义之心和仁义道德，从而激发他们奋发向上的决心。

引导孩子树立正确的人生观、价值观，不是一朝一夕的事情，而是一个循序渐进的过程。为人父母是一辈子的事，建立孩子正确的价值观更是百年大业。

正确的价值观，是建立孩子一生人格的基石！如何引导孩子树立正确的价值观，帮助孩子迈向成熟而健康的人生是为人父母的必修课程，父母们一定要重视起来。

让孩子自己去选择正确的人生道路

对于孩子，我们越是想抓紧他，也许只会适得其反，我们可以选择适当的放手，让孩子去做自己的选择，好与坏只有他们亲自体会了才能真正明白。

作为父母，你都为自己的孩子做了什么？

对于这个问题，相信大多数父母都会遮掩回答："只要孩子需要的我们都会尽量满足""为孩子做一切我们能做的"，甚至有的父母还会说"只要可以，付出我们的生命都可以"。

先不说这些话是不是很夸张，至少从中可以看出做父母的都有一颗深爱孩子的心，愿意为了孩子付出很多很多。父母替孩子做了很多很多事，从穿衣吃饭到寻医问药，无微不至地呵护着孩子，就这样还怕孩子饿着了、冻着了、伤着了。

孩子小的时候，因为没有自控能力、自我保护能力，所以我们的所作所为是应该的，可是，当孩子开始长大，到了上小学、上大学甚至该工作的时候，如果我们依然那样安排孩子的一切，必然会伤害孩子。你有没有想过，我们这样做是不是就是真的为孩子好呢？我们做的每件事是不是都是孩子的所愿所想呢？

现在，每个孩子都是家里的“小少爷”“小公主”，事事都习惯于依赖父母，更有甚者在成人后都不能独立，上大学带着父母去陪读，工作了还要父母照顾饮食起居。是我们的孩子本来就这样呢，还是我们的父母把孩子造成了这样？

让我们回过头想一想，从孩子出生到现在我们究竟做了些什么？从婴儿开始，穿什么衣服、吃什么饭、看什么书、听什么歌、上什么幼儿园、报什么兴趣班，都是父母在为孩子做主。

孩子大了该上学了，还是父母在替孩子选择上什么学校、交什么朋友、买不买课外书籍、报不报课外补习班等。

孩子已经长大并成为了一个独立的个体，有着属于独立个体该有的思想和愿望，应该尝试并学会让孩子自己去管理自己的学习和生活。很多父母却以“担心”“怕孩子做不好”“让孩子安心学习”等为理由和借口，扼杀了孩子的选择权利，

彭衢杭参加杭州农夫乐园活动

让孩子成为了依附于父母的“寄生蟹”。

孩子是没有错的，他们之所以会成为今天的样子完全是父母昨天所作所为的结果。我们替孩子做了所有的选择，却忘了孩子也有选择的权利。

从孩子开始学习思考和独立的时候，我们就应该做出一个明智而又慎重的决定，把选择的权利还给孩子。虽然说，这次放手会带来很多的痛苦和失望，可是，这种放手却是我们给孩子的最好礼物，是一种基于对孩子的爱的另类关怀，更是对孩子的尊重！

孩子的人生是属于孩子的，父母只是送孩子走上人生道路的那一双有力的臂膀。

在孩子犹豫、困惑、迷茫的时候，我们可以为孩子点亮一盏指路的灯；

在孩子伤心、烦恼、痛苦的时候，我们可以为孩子送上一个温暖的怀抱；

在孩子受伤后，我们可以给孩子一个坚强有力的肩膀；

在孩子跌倒的时候，我们可以给孩子一个“别怕，我相信你”的微笑。

……

可是，我们却不能替孩子走完属于孩子的一生，甚至能陪孩子走多远都是一个问题。既然不能，那就更应该在该放手的时候放手。

教会孩子选择，是父母送给孩子人生之路上的第一份礼物。选择是每个人都要学会的一件事，每一天我们都在重复着一件事，那就是选择。比如：今天我要穿什么衣服，坐什么车，要不要带伞，要不要在食堂吃饭，等等。

人生就是一个选择，选择决定了你的一生！让孩子学会选择，就是要让孩子选择自己的人生，并为自己的选择付出应有的努力。选择伴随着孩子的成长，只有会选择的孩子才能学会坚强、承担、责任。

对于孩子，我们越是想抓紧他，也许只会适得其反。我们可以选择适当的放手，让孩子去做自己的选择，好与坏只有他们亲自体会了才能真正明白。在孩子成长的道路上，父母更应该为孩子创造一个好的环境、培养一个好的习惯，而把选择的主动权尽量的交给孩子，教给孩子怎么去选择、选择什么。

彭水明、彭衢杭参加千里轮滑出发仪式

在孩子发展前途的关口，父母千万不要把自己的意愿强加给孩子，不要代替孩子选择，更不要让孩子为实现父母的理想作出不情愿的选择和牺牲。只有从小就给孩子多一些自由的空间，让孩子自己去思考，自己去选择与决定，有意识地培养孩子开阔的思路，才能全面提高孩子各方面的能力与素质。

那么，怎么才能让孩子学会选择呢？

首先，父母要摆正自己的心态，敢于放手、给予信任、鼓励和赞美，让孩子在选择中找到自己的快乐。

其次，帮助孩子做好正确的选择，引导孩子选择一条正确的道路。

最后，父母一定要让孩子明白自己的选择自己做主、自己负责，即使有一天跌倒了也不能后悔。

不要小看自己的孩子

孩子和大人一样，都是平等的！不要以为孩子什么都不懂，不要认为孩子们还小，其实只要给他们提供机会，他们的能力必然会得到展示，一定会成为一个强者。不要小看自己的孩子！

彭衢杭喜欢踢足球，一次偶然的机会，我获知广州恒大足球学校在浙江这边招生，抱着让孩子试试能力的心态，我给儿子报了名。

2013 年暑假，彭衢杭去宁波参加了恒大皇马足球学校的测试（该校浙江招生点设在宁波）。考试的内容不仅包括体能、足球技巧，还有数学、语文和学校里做的练习题有得一比。彭衢杭凭借自己的综合实力顺利拿到了录取通知书。

恒大皇马足球学校是恒大地产和西班牙皇家马德里俱乐部合办的一所学校，据说不少教练都来自皇马。彭衢杭虽然特长很多，但是心中还是有个足球梦。恒大皇马足球学校对彭衢杭有着极大的诱惑。最终，我们父子俩决定，去上足球学校。这时候，彭衢杭又提出了新想法，“滑轮滑去足球学校报到”。

对于儿子的想法，我有些犹豫。因为从杭州到广州，走国道行程超过 1600 千米，至少要滑 20 天，并且这个时候天气这么热。尽管儿子把大量的课余时间放在了各种兴趣爱好上，但他学习成绩一直都不错。我知道，他在杭州建兰中学如果现在一门心思投入学习，将来应该能进杭州的好高中。我感到很纠结。可是，一想到这是儿子的兴趣，便觉得他这看似匪夷所思的想法并非空穴来风，只是他把早就在心中的梦提前来实现罢了。最终，我还是同意了儿子的想法。

在和孩子的轮滑教练交流后，我的准备清单上又多了三套轮子、三套

彭衢杭参加千里轮滑出发前和建兰中学队友一起踢告别赛

彭衢杭和他的杭州市速滑队队友合影

轴承以及必要的外用药。按照彭衢杭的能力，做好各种准备，应该还是安全的。之后，我便义无反顾地投入到这场在外人看来有些“疯狂”的行动中。

很多人对我的决定发出了质疑：“不在建兰好好读书，为什么让儿子去读足球学校？”我知道，去广州也要读书，而且能够更好地学习踢足球。我打听过广州恒大足球学校的教学内容，那里的训练模式是和西班牙、皇马等球队合作，他们的教练以及培养是有计划的，应该比国内其他的初中学校更好点。学校的课程除了学习足球以及基本的义务教育内的学科知识以外，还要额外学一门西班牙语。

说起足球，杭杭最爱的球队是皇马，最崇拜的球员就是广州恒大的张琳芃，他说：“他和我一样是踢后卫，我最佩服他的毅力。”这次能被广州恒大足球学校相中，杭杭很惊喜：“将来毕业以后，如果能效力恒大就最好了。”

一直以来，我都觉得要充分尊重孩子的选择，当然，前提是替他考虑这是不是一个理智的选择。如果是，就应该让他去尝试，哪怕最终失败了，孩子也能从失败中获得对他将来有用的东西。

从杭州到清远，路程超过1500多千米，我们父子打算8月初上路。杭州到广州，高速距离1400千米，夏天路上温度超过40度，行程花费时间达到20天，这些困难彭衢杭还没想过，他只有一个想法——我能行！

尽管如此，出发前，我们父子还是做了不少功课，也充分听取了网友的一些建议，“避开不好走的路段，有近道就抄。”最终路线大致是杭州—衢州—江西上饶—鹰潭—赣州—广东韶关—清远。

彭衢杭千里轮滑出发前接受记者采访

我们计划，一天滑100千米左右，天气炎热，早上5点出发，9

点抵达下一个目的地。我还打算买一辆自行车，跟在儿子的后面。可是一想到儿子肯定比我快，最终我还是决定开一辆越野车，跟在儿子后面。

2013 年 8 月 8 日，我们父子俩从杭州体育馆出发，开始了这段特别的轮滑旅程。出发那天，上午 8 点多，天就很热了。第一天，顺利抵达富阳，但我们也长了经验。接下来出发要尽量早，不然天太热，就没法走了。

8 月 9 日，我们的目的地是建德，彭衢杭早上 5 点就出发了。这天，他滑了近 100 千米，大腿不是很酸，只是脚磨破了点皮，不过不影响接下来的衢州站。

8 月 10 日，第三天，到达衢州。一路上的路况不是特别好，小石子很多，只能放慢速度，小心行进。

8 月 11 日，我们进入江西境内。

8 月 12 日，到达江西上饶。

8 月 13 日，我们从上饶出发赶往鹰潭，很快遇到了麻烦。一路上，路况不是很好，车子开起来都颠簸，更别说轮滑了，路上的小石子很危险，稍不注意就会滑倒。中途有 3 个路况实在太差的路段（车子最多也只能开 20 迈），我把儿子拉上了车，尽管小家伙想再坚持一下，多少有些不乐意。

8 月 17 日，赣州，从早晨开始就下雨，实在没法赶路。于是，我们父子俩一合计，去参观红军长征纪念点。一直玩到下午 2 点多，雨停了，才继续赶路。

彭衢杭千里轮滑进入广东境内

8 月 19 日，我们终于进入了广东。没想到，离目的地越来越近，最大的考验也摆在了面前。从韶关出发，前往清远市境内的县级市英德，道路特别差，很多地方都是积水坑。为了安全起见，彭衢杭有几段路只能待在车上了。

过了这段“烂路”，离清远也不远了。8 月 21 日一早，我们再次早早出发，彭衢杭一路滑过去，越滑越开心。上午 11 点 30 分左右，我们终于抵达了位于清远的恒大皇马足球学校。

这一路下来，我知道对于我们的举动，网上也有不少议论。比如，彭衢杭过早放弃学业不好，我作为一个父亲又太过疯狂等。但是我觉得，主要还是得看孩子自己的选择。眼下只是从他很多特长爱好中，选择了一个他最喜欢的，来接受更专业的培养，并不是说他将来就一定要踢足球。另外，上足球学校，也要学习文化课，并没有放弃学业。作为一个父亲，所做的一切只是为了让孩子能按照正常人生规律成长。

可能很多人在评价这件事的时候，参照物是身边一些同龄的孩子，认为以他们的现状和能力，去完成这样的事情，有点开玩笑。其实，这些话也是有一定的道理的，如果让一个爬 5 楼都气喘吁吁的孩子去做这样的事情，确实是头脑发热。但如果他们能够对彭衢杭多一些了解，可能他们就不会这样说了。不仅如此，这一路下来，我甚至觉得，一个从小适应了自己特点成长的孩子所展现的能力，会远远超过家长的判断。

你的梦想是什么？你去实现梦想的动力有多大？一般人面对这样的问题，总带有畅想与喊口号的意味。可是，我的儿子却将梦想注入了实现的动力，毫不犹豫，勇敢向前。

彭衢杭千里轮滑进入学校境内

一路上，每天我都会给儿子拍一些照片，我想通过这些照片来展现一个小男孩不断超越自我的精神。对比行前与到达后的照片，我深深地体会到，彭衢

恒大皇马足球学校刘江南校长给彭衢杭赠送球衣

杭的笑容渐渐变得复杂起来，里面包含了思索、抗争、乐观、释然，也许，这就是成长所带来的改变吧！

经过 14 天的滑行，彭衢杭终于到达了目的地学校，这次长距离滑行，不仅磨炼了彭衢杭的意志，还让他证明了自己的能力。一路上，面对错综复杂、路面糟糕、雨天路滑的国、省道，彭衢杭还是通过自己的努力坚持了下来，艰难地完成了这次长距离滑行。我觉得，有了这样的人生经历，在儿子的成长过程中，不管遇到什么困难和挫折，彭衢杭都能从容应对了。

2013 年 8 月 21 日上午 11 点半左右终于到达期盼的广州恒大皇马足球学校，没想到学校刘校长早已带着校领导、老师教练等在校门口迎接我们，刘校长握着我的手说了很多表扬和鼓励儿子的话，还赠送了学校球衣，这对彭衢杭是肯定更是鞭策，他一定会用努力来回报。

我想通过儿子的这次亲身经历告诉各位家长，只要孩子有梦想，并努力为自己的梦想做好准备，然后付出实际行动，就一定要给予积极的鼓励，让其有所收获；千万不要小看自己的孩子，只要给他们提供足够的机会，他们的能力就一定能够得到展示。

这次长距离轮滑已经结束了，恒大足球学校的学习才刚开始，我相信，彭衢杭一定会努力学习文化知识和刻苦训练足球技术，让自己成为一个德、智、体、美、劳均衡发展的人，用实际行动来回报所有关心他的好人。

第三章 从自身条件出发，培养孩子的多方面兴趣

培养身心健康、兴趣广泛的孩子

全身心投入到一项充满挑战的任务中，会给一个人带来很大的快乐。虽然我们不知道什么东西会引起孩子的兴趣，但我们可以提供各种各样的活动让孩子试试。

快乐的人，一般都会过一种平衡的生活，他们的快乐来自各方面。如果孩子的快乐来自一方面，那么做父母的就应该引起足够的重视了，而多方面的兴趣足可以给孩子带来多方面的快乐！

我儿子是一个追求德、智、体、美、劳全面发展的“阳光儿子”。自从《都市快报》2011年3月24日头条刊发了“11岁男孩94项荣誉24项技能”为题的文章以及多家电视、报纸、网络媒体陆续报道了我和儿子的故事后，很多人都说我儿子是神童、天才，其实，我的儿子很普通。

彭衢杭参加杭州嘟嘟城市长竞选时接受记者采访

在小学阶段，儿子只是比一般学生爱学、好学、多学了学业以外的一些技能，夺得了一些荣誉，比如：国家乒乓球三级运动员；浙江省足球联赛冠军、速度轮滑锦标赛亚军、电子琴七级、星级小记者、硬笔书法五级；杭州市阳光少年50强、市运会足球亚军、市运会乒乓球季军、市帆船锦标赛第四名、摄影一等奖；上城区运动会游泳第四名、田径800米第五名、篮球第五名、围棋第六名、四好少年、三好学生、学法标兵、火炬银奖；校小记者站站长等。

◆ 回顾小学阶段

儿子的经历可以说是丰富多彩、忙碌充实、与众不同的。各位家长有时间也可以在百度里搜一下我儿子的名字，那样就能让你们更全面了解我儿子的过去。不过，这些取得的成绩只能代表过去，现在我儿子要把这一切归零。

◆ 展望初中阶段

小学阶段学得的不少兴趣特长，也许能在初中发挥一定的作用，为学校争得一些荣誉，给同学一些帮助。但我希望自己的儿子，能够比其他学生付出更多，特别是学业上，我希望通过老师、父母的教导、同学的帮助，通过儿子自己的努力拼搏，让他成为一个身心健康、兴趣广泛、学业优秀的"阳光少年"。

当然，学业将会是儿子初中阶段重中之重的首要任务。我相信，儿子一定能够在最短的时间里融入这个充满激情和活力的班集体中。

研究发现，全身心投入到一项充满挑战的任务中，会给一个人带来很大的快乐。虽然很多父母不知道什么东西会引起孩子的兴趣，但我们可以给孩子提供各种各样的活动，让孩子试一试。对于孩子来说，培养一些兴趣爱好，例如：集邮、绘画等，让他投入其中，会让他获得很多的快乐。但是，我们这里所说的投入，并不是指给孩子安排满满的绘画课程或者舞蹈练习等，因为那样只会让孩子失去兴趣，失去从中得到的快乐。

为了培养孩子兴趣，家长就要投入其中

要想培养孩子对体育的兴趣，家长也要成为一个体育迷，成为一个兴趣广泛的家长。只有自己也投入到体育中去，才能让孩子在体育锻炼中健康成长。

小的时候，我生活在贫苦的农村，从来都没有学过各种学习以外的体育技能。因此，我很羡慕现在孩子有那么好的机会。为了让自己的儿子能多学些体育技能，我从小就有意地锻炼他的身体素质和独立动手能力。

其实，从孩子多学一门技能和锻炼身体的角度来说，绝大多数的家长也很乐意让孩子学各种技能，可是很多家长都为孩子的兴趣生命力短暂而苦恼，不少家长总问我：为何我的孩子没学几天就没兴趣了，放弃了，没有一样能坚持下来。对于这个问题，我觉得，多数情况责任不在孩子而在家长，家长没有真正地投入到孩子学习的项目，还一味地指责孩子不够努力，这势必会加快孩子失去兴趣。

彭衢杭参加上城区中小学生篮球锦标赛和老师、队友合影

我的孩子兴趣很广泛，而且所学项目都能获得教练的表扬，在同等情况下水平也名列前茅，我可以自豪地说："这和我这个'土教练'有着直接的关系。"

比如：乒乓球项目。儿子8岁时对乒乓球表现出浓厚的兴趣，我就每天提前下班在小区里等儿子放学陪他练，从连球也发不出，到能发出球；从球发出上不了台，到上得了台；从我发过去的球他碰也碰不到，到可以碰到但上不了台；从碰到还能上了台，到可以有来回球……慢慢地，儿子有了一点基础。

现在，很多家长更像个出租车司机，只管接送孩子，还经常迟到，更不会关心孩子存在的问题，只会说"你比他大，怎么打不过？你真笨！"有时还会因为天气不好或自己忙点私事而让孩子不去训练。这样，孩子的水平自然就更差了。如果参加比赛，总是后几名，即使孩子有再大兴趣，恐怕最后也消失殆尽了。

自从儿子开始学习打球的时候，我就开始关注体育频道，看电视的时候，除了新闻我就看体育节目。我会让儿子和我一起看一些比赛，并告诉他，为何这个球打在正手位而不是反手位；为何要发短球，不发长球；为何看似很轻的球，却出界了；为何发球要站在中间，而不是常规的一边……

儿子每次比赛的时候，我都会陪着他去，在边上给他做指导，有时他也会说："老爸，幸亏您提醒我一下，不然肯定输了，老爸是个天才哦！"

彭衢杭参加建兰中学鼓号队迎接新生家长

在甘老师的指导下，现在，我在很多家长眼里也是个乒乓球教练了。每次出去比赛的时候，如果甘老师忙不过来，我就充当教练给孩子们做指导，孩子们还很相信我，这种感觉真的很好。

其他项目我也还是老办法，虽然自己不会，但理论水平儿子肯定认可，因此他非常相信我，认为我说得很有道理。

现在，速度轮滑、乒乓球、帆船、田径、游泳、足球、篮球、羽毛球等，儿子都有了一定的基础，比赛成绩也不错，可贵的是学习成绩也没有落下。因此，我要呼吁——要想培养孩子的体育技能，家长也要成为一个体育迷，成为一个兴趣广泛的家长。只有自己也投入到体育中去，才能让孩子在体育锻炼中健康成长。

如何让兴趣的生命延长

要做一个对家庭，特别是对孩子在成长过程中负责任的家长，要身体力行的帮助和引导孩子健康的成长，让孩子真正成为一个德、智、体、美全面发展的人。

让孩子的课外兴趣爱好延长生命是很多家长的共同心愿，可是，我觉得，很多家长经常是想的和做的背道而驰，因此，总是不停地埋怨“为何我的孩子兴趣总是那么短暂，没几天就厌恶了。”“今天想学这，明天又想学那，到头来多是半途而废，什么也没学出个名堂来。”

其实，对于这个问题，在我看来，并不是孩子的责任，绝大多数的责任在家长身上。

◆ 不能操之过急

有些家长自己毫无主见，一听别的家长说好，或参考一些招生广告，便给孩子做主、报名。自己既不了解这一项目的特点和实际报名孩子的真实情况，更不管自己孩子是否适合，就把孩子送去，一旦孩子碰到问题，他们也不分析具体原因，要么说孩子没用，要么说老师水平差没教好，从来都不会从自己身上找原因，孩子的兴趣如何能延长？

那么家长该如何去发现和引导孩子呢？再说说乒乓球的故事。

二年级时，儿子有个同学的妈妈每天早上都要去学校陪儿子打乒乓球，我儿子经过的时候总会停下来看。我就问他：“学会了和不会有什么区别？你知道吗？”他说：“不知道。”我就告诉他：“只要学会了，你在这方面就比其他人优秀，更能体现出你的聪明才干。你想学吗？”他说：“我想学。”我说：“那好，但爸爸有个条件，你必须认真地学，首先目标就是要超过你这个同学。你有这个决心吗？”他肯定地告诉我：“爸爸，我一定超过他。”

第二天，我就去买了一套比他同学更好的装备送到学校。不过，我没同意在学校里和他同学一起练，而是让他到家里的小区的乒乓球台上和我一起练。

也许，很多家长会问我，为何要这样做？这里有一个先入为主的因素。因为儿子的同学已经能简单地打几个球了，如果让儿子和他打肯定会一败涂地；而且童言无忌，万一同学贬低他几句，也许，刚刚有的那点好奇和兴趣很快就被扼杀了，我必须要让他有一定的基础后再去学校打。

彭衢杭参加浙江省乒乓球比赛

不出所料，经过我几天细心的指导，儿子有了很大的进步。这时，我说：“你可以去学校和你同学打了。但你不要怕输，因为你现在输得起，毕竟他学的时间比你长。如果你赢了，也不要觉得骄傲，因为你的球拍比他好。但必须要记住一点，你现在还是刚起步，要有收获；最重要的是坚持，只要你能坚持下去一定会有收获。如果明天就不学了，不仅表明你是个失败者，更会浪费时间，那还不如像其他同学那样玩玩好了。爸爸认为你是个聪明的孩子，一定明白这个道理。”果真，他在同学中脱颖而出。

◆ 家长身体力行

孩子在学习技能的时候，很多家长太过依赖老师和教练，以为只要把孩子送到培训班就完成任务了，要么自己回家，要么在边上聊天、看报纸，总之从不过问和关心老师、教练教什么，动作要领是什么，只是起到出租车司机的作用。

我却不一样！

儿子学什么我就研究什么，可以说我的兴趣比孩子还大。自从儿子学乒乓球以来，我就成了一个不折不扣的乒乓球迷，电视上的乒乓球比赛我几乎不落下，主持人和嘉宾的讲解分析我更是仔细听，结合儿子训练和比赛加以运用。

每次训练课，我肯定第一个到，带着儿子先练。老师讲动作要领时，我会仔细听认真记，特别是老师指出儿子的问题时，我更是牢记在心里。中间休息时，我会主动和儿子交流，再次把老师教练说的要领讲解给他听。

彭水明、彭衢杭在建兰中学新生军训基地合影

教练要教那么多孩子，不可能做到面面俱到，更不可能发现每个孩子

的所有问题，而家长是一对一的。由于儿子在动作要领和问题纠正上，要比一般孩子多、准，因此进步也就很大。

虽然，我打球早已是儿子的手下败将，可是每次当我说出儿子存在的问题和改正的方法时，他还是对我心服口服。因为不管怎么说，大人的理解能力、接受能力、把握大局能力，肯定要比孩子强。

自从我做了父亲之后，就清楚地意识到自己所承担的使命：要做一个对家庭，特别是对孩子在成长过程中负责任的人，要身体力行的帮助和引导孩子健康的成长，让孩子真正成为一个德、智、体、美、劳全面发展的人。

家长在对待孩子教育上要身体力行，科学引导，让我们的孩子都能学有所成，让他们的兴趣有无限的生命力。

对课外辅导机构多些了解，做理智家长

在幼儿辅导领域鱼龙混杂、真假难辨，一不小心就会陷入陷阱，不仅会让家长浪费掉大量的金钱，更重要的是会对孩子未来的发展造成影响。因此，家长要理智对待这些问题。

为了说明这个问题，让我们先来看看这样几个例子。

1. 京翰教育大骗局

小江妈在一家超市当收银员，每月只有1000多元的工资；丈夫没有固定工作，平时给别人打零工，每月也能赚一两千元钱。为了供儿子读书，节省开销，小江妈每天都是带饭上班。

2011年9月，小江升入初三之后，马上就要进行中考了，可是成绩并不太好。小江妈很发愁，这时候，小江妈接到了一个名为“京翰1加1”的课外辅导机构打来的电话。他们宣传说：我们机构是全国第一，拥有一流的教师，会针对孩子提供个性化的服务；我们有专门配备的班主任，会给孩子全方位的辅导。

小江妈被说动了，立刻带着孩子去咨询。在这家课外辅导机构，工作人员承诺说：只要进入这个补习班，一定可以考上当地的重点高中。工作人员的这番话让小江妈下定了决心，为孩子买了350课时，一共55750元。每个周末，一天上四堂课，一共1200元左右，几乎相当于小江妈一个月的工资了。

紧张的复习之后，小江走进了考场。7月1日，是中考查分的日子。一大早，小江妈就处于紧张状态，8点30分刚过她就拨通了查分的声讯电话。结果，小江只考得363分。小江妈傻了，花了5万多元钱，整整补习了一年，最后却是这样的结果。当初对方承诺，只要孩子到他们那补习，就一定能考上重点高中，可如今孩子却连一个普通高中都进不去，小江妈很难接受。

这件事情被媒体曝光后，京翰的神秘面纱也被一一揭开。其实，在京翰有一个被广泛宣传的宣传语——“4个1”辅导模式。所谓“4个1”指的是，京翰会给每位前来补课的学生配备一位学习规划师、一位专职的班主任、一位精英学科教师以及一套个性化的学习方案。然而，调查发现，京翰宣称的师资本身就是一个骗局。

京翰的咨询师称，他们的老师都是城八区一线在职的老师，教学质量绝对有保证。虽然教育部等部门严禁公办中小学教职工组织或参与有偿补课，可是，京翰教育的咨询师却说，虽然说不能从事有偿家教，可是在利益的驱动下很多老师都会出来偷偷上课。而且，他们还说自己和老师之间

彭水明参加浙江省政协听证会和现浙江省副省长合影

有保密协议，因此家长根本就查不出这些东西。

另外，京翰为学生提供的个性化学习方案是不是真的是为每个学生量身打造的呢？

在宣传材料上，京翰说为了帮助学生提高成绩，会给学生先进行一次整体的测评，然后再根据测评结果为每个学生制定有针对性的辅导方案。这是真的吗？这个测评看似很详细，其实，却只是签单的一种手段，就是给家长树立危机感。这仅仅是一个道具，是做给家长看的，没有任何实际意义。

按照京翰的流程，测评报告出来后，根据结果还要制定一套个性化的辅导方案。那么测评是如此，个性化辅导方案又是什么情况呢？有时候，他们会直接说：做啥啊，不用做。如果遇到比较较真的家长，他们便会随便糊弄一下。

不可否认，京翰确实为每位来补课的学生都配备了一位班主任，来管理学生补课期间的相关事宜，比如：排课、跟授课老师约时间、上课情况监管等。但是，班主任不仅要管理那些日常管理的工作，还有一项重要的任务——推销补习课程。对他们来说，虽然是教育，也是销售，公司要以赢利为目的。

在京翰内部，有一个咨询师手册，这是每位咨询师进入京翰后必须通读学习的，里面详细介绍了应对各种情况的营销技巧以及应该注意的问题。从小学一年级到高中三年级，不管成绩好还是差，京翰都设计了相应的营销技巧来说服家长，目的只有一个：掏钱让孩子来补课。

其实，近来像京翰这样受到质疑的校外辅导机构并非一家。不少课外辅导结构把中小学生当摇钱树，让学生学业负担越来越重，家长的钱包越来越轻。

2. 无证补习班藏身居民楼

前段时间，家人把李萍送到一个培训机构补习，可是上课没多久，孩子就告诉妈妈：“那里的补习环境非常差。”有一次，李萍妈去接孩子，发现这个教育机构不仅规模小，而且连教育部门颁发的证照都拿不出来。

李萍妈给一家商报打了电话，记者很快就按照他们提供的地址，来到了培训机构所在地。这所机构开设在一个小区里，刚走进小区，就看到一条当空悬挂在小区内的“仁本教育”横幅映入眼帘。

随后，记者走上小区 D1 栋 402 房看到，培训机构的大门敞开着，一名家长正在与培训机构的工作人员商谈孩子补习的细节。看到有人到来，一名工作人员立即出面热情接待。当记者问到现在是否可以报名时，工作人员热情地介绍起来：“我们目前有几十名学生和 20 多位老师，轮班上课，设大班和小班。小班教学比较好，学生少，只上 2 个小时左右。大班一般都有 10 个人以上，要上 4 个小时左右。”这名工作人员边说着边推开一个教学班的门，一位老师正在给学生教授英语知识。

记者追问：“你们这里为何没有相关证照？孩子放在这里补习安全吗？”工作人员解释称，这里是他们的办公场所，“仁本教育”培训机构的证照都放在他们居住的地方，如果想看晚些时候可以提供。

记者发现，在这间百平方米的空间里，三个房间分别被当做三个授课班的教室，客厅当做是办公兼接待的地方。在房间内，记者没有找到其他通道，也没有看到任何消防器材等。如果几十名学生同时补课，一旦发生火灾等突发情况，后果将不堪设想。

随后，根据广告横幅上的内容，记者拨通了一名老师的电话。记者问：

"你们的教育机构有没有相关证照？"这名老师表示，相关的申办材料他们都递交到教育局去了，现在正在审批中。

记者假装担心地问："现在还在办证，补习的时候会不会被查？"老师说："我们在教育局有人，这里是安全的，你可以放心地送孩子过来。"

根据"仁本教育"现有的教学条件，首先消防方面无法保障，其次场地太小，再说，培训机构也不允许设立在居民楼中，而且还是无证无照经营，理应关闭，并退还家长所交的费用。不管他有什么关系，对于这种不符合条件的教育机构，教育部门是不可能允许开办的。

3. 培训费用多的吓人

每每到了会考、升学的"冲刺"阶段，一些培训机构就会再度进入"兴奋"状态，补课形式花样翻新，补课价格加速上扬：有的学生一学期补课费超过 10 万元，还有一个班一学年单科补课费多达 67 万元。

面对不断增加的补课费用，教育部门连年下发"禁补令"。但是，众多家长、学生依然趋之若鹜。是什么力量让"补课市场"如此兴隆？

2012 年寒假，母亲给读初三的儿子选择了当地一家名气大的"1 对 1"个性化辅导机构。每课时的费用是 200 元，每天 9 节课共 1800 元，三四个月下来，费用高达 10 多万元。

彭衢杭参加上城区区运会游泳比赛

无独有偶。

现在培训机构最贵的补课费每节课 800 元，肖女士女儿高三前读了一个补习班，一个月的费用高达 4 万元。

不可否认，现在不论是名校还

是普通学校，绝大多数的孩子都会补课。有些教师的补课收入要远远超过自己的工资。虽然现在房价很高，可是只要将暑假、寒假时间利用好，搞几年补习班就能买一套房。

……

彭水明、彭衢杭参加保护珊瑚活动

今天，为了提高孩子的学习水平，为了培养孩子的兴趣，很多家长都会在业余时间为孩子选择辅导班。有需求，就会有市场，很多团体和个人都看中了这块“大蛋糕”，于是，一所所的课外辅导机构出现在了人们的视野中。可是，由于主办者的水平不同，师资力量水平各异，因此在这个领域也是鱼龙混杂、真假难辨，一不小心就会陷入陷阱。不仅会让家长浪费掉大量的金钱，更重要的是会对孩子未来的发展造成影响。因此，家长要理智对待这些问题。

尊重孩子，平等地看待自己的孩子

孩子是一个独立的个体，虽然年幼，但他们有独立的人格和自我意识。父母不能因孩子的弱小、对成人的依赖，就无视他们独立的人格和自我意识的存在。

现在，很多家长都不能平等地看待自己的孩子，老认为孩子没长大，认为孩子这个不会，那个做不了，这个不放心，那个又担心。如果父母不给孩子去尝试、去学习、去锻炼的机会，那么他们哪有机会真正地长大呢?

请记住，人的自尊是从幼儿时代就开始滋生的，如果你经常对孩子说“你真烦！如果不是你，我就……”这样的话，孩子会对自己没有信心，他会觉得对于父母而言，自己是有罪过，因为自己的过错，所以造成了父母的一种不适。这样，不仅会给孩子增加精神上的压力，还会让他们出现消极的自我认识，是非常不利于孩子养成积极的、自信的心态的。

如果大人常常以威胁的态度对待孩子，那么孩子会时刻处在担忧和害怕的心态之中，对父母会产生一种无形的抵触和拒绝。身为父母，要明白：孩子是一个独立的个体，虽然年幼，但他们有独立的人格和自我意识。不能因孩子的弱小、对成人的依赖，就无视他们独立的人格和自我意识的存在。

要想将自己的孩子教育好，就要尊重孩子，学会平等地对待孩子，不要动辄就训斥和体罚，甚至把自己的失误或者不幸推脱和转嫁给孩子。这样的斥责会令孩子感到不安，感到自责和内疚，而这种内疚本不该属于孩子，长此以往会使孩子的心理变得脆弱，也会使孩子丧失掉对自己的信心。

孩子最初受人尊重的感觉是从父母那里得到的。如果家长经常对孩子说：“你还小，这没你说话的地方。”或者说“大人说话，你少插嘴”等。这样的决断，事实上是对孩子的不尊重，至少是对孩子存在的不尊重。

彭衢杭参加杭州西湖马拉松赛和冠军一起

尊重孩子，就是要平等地对待孩子，而不是把孩子作为一个管理的对象，连训带斥。想尊重孩子，不仅要了解孩子，了解孩子的兴趣、爱好甚至心里的真实想法，也要了解孩子的优缺点和个性特点。只有真正了解孩子，才能对孩子的教育做到适时、适度；只有有分寸的教育，才能被孩子接受。

每个孩子的聪明程度、接受事物的能力、身心发展的快慢都不相同，父母不能总是以别的孩子的长处来评判自己的孩子，说“你看谁谁谁学得多么好，看看你……”等伤害孩子自尊的话语，也不能因孩子某个方面的欠缺而否定他的一切和他的积极上进的一面，更不能照搬别的孩子的成功个案来培养自己的孩子。

彭衢杭代表杭州市参加江浙沪帆船夏令营比赛

每个孩子都有自尊心，他们对于事物的理解和认识都是很独特的，即使是面对不爱学习、不喜欢坐下来背死书的孩子，父母也要有足够的耐心；同时，要正确对待自己的孩子和别的孩子的差异，耐心引导孩子，帮助他们学会正确对待社会和学习的关系。

每个孩子都有向上之心，孩子在没有压力、没有歧视的前提下，是会积极努力的。单纯的训斥和辱骂会毁掉孩子的所有信心，使孩子走向另一个极端，家长要学会呵护孩子的自尊心和孩子的进取的一面。

不要低估了孩子的能力和潜力

孩子的能力和潜能无限，他们很小就有了独立的要求和自理的愿望。所以，家长应该相信孩子，因势利导，创设条件，放手锻炼，让孩子到实践中闯一闯。

父母是孩子最好的老师，但在孩子的成长过程中，父母又是跟孩子一起成长的。可是，很多父母却小看了孩子的能力和潜力。任何一个家长都相信自己的孩子很聪明、很能干，可实际上却很少有人会让孩子去表现他的聪明和能干。

儿子刚学走路的时候，开始的时候只敢背靠着墙沿着墙走，可我却让他离开墙直接走过来。他不愿意，我就示范着走给他看。他走了一小步，就屁股着地了，更不敢走了。然后，我就弄了一个带子，绑在他腰上，告诉他："老爸牵着带子肯定就能走好了，而且，比沿着墙更安全。"

儿子看了我一眼，明显感觉自信了很多，然后就大胆地走了起来。其实，那带子根本就没起什么作用。自从那以后，我就一直特别关注孩子的一举一动，如果发现了问题我会及时地告诉他如何做才是正确的，所以儿子从小就特别佩服我。

每个孩子都是潜力股，关键是看家长怎么去发掘他们的潜力。千万不要低估孩子，不仅要关注孩子的行为，更要关注他们的心理，积极地引导他们向健康的方向发展。

在我们身边，很多家长经常会低估了孩子的潜力，总认为他"还小""不行"，舍不得或不愿让孩子去锻炼。这就使得一些孩子总也"长不大"，其实，孩子的潜力和潜能是无限的，他们很小就有了独立的要求和自理的愿望。所以，家长要相信自己的孩子，主动为孩子创设条件，因势利导，放手锻炼，让孩子到实践中闯一闯。

彭衢杭在轮滑训练

◆ 不要居高临下，指挥孩子的一切

有些家长喜欢高高在上，摆出一副威严的面孔，指挥孩子的一切：你必须好好念书，给我考大学；你的前途，服从我的设计。我觉得，长此以往，当这些孩子离开父母的时候，他们就不会做决定，会变成生活白痴，或者具有强烈的逆反心理。

◆ 不要对孩子过度呵护

有些家长视孩子为掌上明珠，给孩子以特级保护：饭来张口，衣来伸手，吃要高档，穿要名牌。只要求念书，什么活也不用干，即使孩子该干、能干的事情，也一律由家长包办代替。长此下去，等孩子真正长大的时候，需要处理生活问题的时候，他们会像个大小孩儿，只会享受，不懂感恩，遇到困难，就会踢皮球！

◆ 不要把自己的价值观强加在孩子身上

有的家长误把“训”当做教育，要求孩子按照大人们的行为准则来做事，忽略了孩子的个性与特点。不管做任何事情，都要求孩子按照自己的要求去做，批评没商量！这样的孩子成年后往往低自尊，他们会自卑地生活，即使没人批评，也会自我诋毁！遇到问题的时候，会将原因归因到外在，缺乏主见。

我们要认真观察孩子，了解孩子，进而掌握他们的特点，进行引导。爱孩子，要用“爱教”，而不是“家教”，要心中真的怀着爱，就要尊重孩子，而不是以自己的观念为轴心。

动手能力是在熟练中培养起来的

让孩子多动手，可以锻炼孩子动作的协调性和准确性，促进孩子运动能力和思维能力的发展；让孩子多动手帮父母干些力所能及的事情，还可以让孩子体会父母的不易，懂得孝敬父母。

不可否认，要想成为熟练工，就要经过长时间的训练，可现在很多家长却剥夺了孩子的时间和机会。就拿最简单的吃饭来说吧，小孩子最爱模仿了，对什么都感兴趣、都想试试，可有些家长认为孩子自己吃饭吃得慢，吃的满地都是饭，更乐意亲自喂。

儿子小时候，我就让他自己吃。当我不在家的时候，孩子的外婆老喜欢喂，儿子还很不高兴外婆喂。有一次我看到了，就说："老妈，要不您也喂喂我吧。"她就说："孩子小。"我就说："儿子在我们家永远都是最小的，难道要等到他自己做了爸爸之后，你才说他大了吗？那时恐怕迟了吧！"儿子说："老爸说得对，自己努力一下，能做的事就要自己做。"

现在的家庭中，大多数都是独生子女，全家围着孩子转，恨不得把所有的事情都替孩子做了，但是家长要冷静地想一想，这样做的后果是什么？现在不让孩子做，等孩子长大了，他就什么都不会做，也懒得去做，因为在他的心中，爸爸妈妈早晚会为自己安排好的。真的到了那一天，后悔也晚了。

幼儿园开家长会，老师特意向孩子的父母布置了一项家庭作业——教会孩子剥鸡蛋皮。一位妈妈在下面小声地说：“这多为难孩子啊，我家儿子还不知道鸡蛋长什么样呢！”

老师觉得很奇怪，孩子都这么大了，怎么会不知道鸡蛋长什么样子呢？那位妈妈继续说：“我总担心蛋黄会噎着孩子，到现在还一直只给他吃鸡蛋羹。”在场的老师和父母们都惊呆了。

这位妈妈真的很爱自己的孩子，在日常的生活中大包大揽，什么事都替孩子做好，孩子上幼儿园了连鸡蛋的样子都没见过。这样的爱摧毁了孩子的动手能力，最终将会导致孩子一事无成。

俗话说“心灵手巧”，灵巧的手是一个人大脑发育良好的标志之一。孩子在探索世界的过程中，总是试图通过自己的努力来满足自己的好奇心，比如，孩子看到玩具很好玩，自己会努力地把小手伸出去拿玩具，这就是孩子基本的动手能力。

让孩子多动手，不仅可以锻炼孩子动作的协调性和准确性，还能够促进孩子运动能力和思维能力的发展；不仅可以让孩子多动手帮父母干些力所能及的事情，还可以让孩子体会父母的不易，从而懂得孝敬父母。

动手做事是孩子成长的基础，也是开发孩子智力的前提条件。家长要根据孩子的发展阶段，多让孩子动手做事。

◆ 自己的事情尽量自己完成

让孩子在日常生活中学会自理，自己的事情尽量自己完成。孩子学会走路之后，活动范围就会扩大许多，这时的孩子非常愿意做些事情。但是他们手、脚的协调能力还不完善，做起事来常常“笨手笨脚”，家长千万不要嫌孩子麻烦或碍手碍脚，更不能剥夺了孩子学习劳动的机会。

家长可以耐心地、反复地给孩子做示范，让孩子跟着模仿，慢慢地他们就会从不熟练到熟练，最后运用自如了。可以教孩子自己逐渐学会系鞋带、脱衣服、叠被褥、收拾自己的房间、洗一些简单的东西等。

◆ 父母要善于称赞孩子

当孩子努力去做了，或做得很好时，家长要立即予以称赞和鼓励，调动孩子的积极性，增强孩子的自尊心和自信心。这种称赞尽量不要以实物的形式，比如：给孩子买玩具，买好吃的东西等，因为这样容易刺激孩子的虚荣心，时间久了，反而会阻碍孩子的健康成长。

◆ 鼓励孩子力所能及地帮助别人

家庭生活是一种集体生活，也可以看做社会的缩影，家长要引导孩子多为父母做些事情，可以是一些很小的事情，如：扫地、擦桌子、洗碗筷，等等，从小培养孩子为他人着想的意识。

总之，生活中处处都有机会，孩子天生是个天才，只要有足够的空间，他们就能玩出无穷的花样。父母要从传统的价值观中走出来，鼓励孩子多

彭水明、彭衢杭千里轮滑终点前合影

彭衢杭参加苏州太湖世界杯轮滑马拉松赛和世界冠军艾迪合影

玩，在玩的过程中让孩子多看、多听、多想，关键是多动手，把孩子培养成为一个自信、乐观、有创意的人。

让孩子成为品德高尚、身心健康的小市长

家长一定要把尝试各种技能的童年时光还给孩子们，让孩子们学业以外的各种潜力得到发挥，让孩子们学会更多的学业以外的各种技能，让感恩的心陪伴着孩子们一起快乐成长。

让孩子当市长？

一看到这个标题，很多家长可能会说我疯了！可是，我要说的是，只有让一个品德高尚、身心健康的人当上市长，才能为城市建设谋福利，才能一劳永逸。

我儿子是个追求德、智、体、美、劳全面发展的“阳光儿子”。自从《都市快报》2011 年 3 月 24 日在头版头条刊登了《11 岁男孩 94 项荣誉 24 项技能》的文章以及多家电视、报刊、网络等媒体陆续报道儿子和我的故事后，很多人都说我儿子是个神童、天才。

彭衢杭参加“Do 都城”市长竞选时接受采访

其实，我儿子很普通，只是比一般小朋友爱学、好学、多学了学业以外的技能。他反而还认为，我是天才，因为我教会他很多很多技

能。

儿子把课余时间都用在了学业以外的能力的学习训练上，没有参加过任何学业的辅导班，他的学业成绩只能说是中等，拿现在评价好学生的唯一标准——考试成绩，儿子只能算是个合格的学生，甚至还会被认为是不务正业的学生，会成为应试教育的牺牲品。可我和儿子都认为，学习固然很重要，可一个人的品德修养、身心健康更重要。

因此，儿子每天都会努力利用好学校时间认真学习，但不会为了学业而放松对自己品德、身心的培养和锻炼。自从有了儿子之后，我就特别关注如何做家长，和朋友聊得最多的就是家长教育的事，也被称为不务正业的男人。

也许，我儿子很难用学业成绩为建兰争光，但他却可以用自己的其他能力为建兰添彩。这也是我想让儿子竞选市长的原因，我想让他用自己的亲身经历，来带动大家成为品德高尚、身心健康的小市民。

在我看来，品德高尚的就是好学生，品德高尚、身心健康的更是好学生，品德高尚、身心健康、考试第一的那是天才好学生。反之，肯定不是好学生。现在，儿子要做的就是努力让大家成为品德高尚、身心健康的小市民。因此，我要鼓励儿子竞选分管品德修养、身心健康的“不务正业”的副市长。

彭衢杭

参加杭州市阳光少年评选

也许，有些家长会很郁闷、反对我儿子。因为，家长们更乐意让小市民们整天围着考试成绩转。如果我儿子当选，他会利用假期制定一些培养小市民们品德、身心修养的活动，让小市民们参与到这些活动中来，体会快乐和幸福。

家长一定要把尝试各种技能的童年时光还

给孩子们，让孩子们将学业以外的各种潜力得到发挥，让孩子们学会更多的学业以外的各种技能，让感恩的心陪伴着孩子们一起快乐成长。让我们的孩子都来竞选品德高尚、身心健康小市民，为和谐社会、幸福家庭而努力！

第四章
挫折教育，孩子必不可少的成长教育

温室里，可以育花、养草，但长不出参天大树

纵然你有优越的条件，不必承受狂风暴雨，但是你不能坦然地去接受。一旦你接受了，那么，你也会像温室中的花朵一样，经受不了半点的斜风细雨，迎接你的将会是一败涂地。

案例一：

周奶奶的儿子、儿媳平时工作很忙，没时间照顾孩子，孙女是周奶奶一手带大的。她非常爱自己的孙女，只想让孩子好好学习，从不让她干家务活，孙女的衣服、袜子、内衣等都没有自己洗过，孩子啥也不会干。不过，孙女还算争气，考上了大学。

9月份的一天下午，周奶奶听到敲门声，开门一看是送快递的。周奶奶打开快递件，脸上显出了不快的神情：原来，是刚上大学的孙女寄回来的。开学刚一个星期，孙女就寄回来一大包衣服和7双袜子，让她帮着洗。周奶奶感到很脸红，孙女把从开学后到现在穿过的所有衣服都寄回来了，同时还告诉她等洗完衣服再给她邮回去。

彭衢杭参加建兰中学军训

儿子、儿媳知道后，很生气，打电话把女儿骂了一顿："一个小女孩连衣服都不会洗，来回邮费都能买好几件啦，叫别人听了多丢人……"儿

子也埋怨周奶奶，说她平时太娇惯孩子了。周奶奶感到很委屈，但心里也确实觉得孩子太不像话了。

案例二：

去年，李阔考入一家职业学校。入学之后，按照学校规定，要参加三天军训。可是，每次列队，李阔都是懒懒散散的，教官说了他几次，他都屡教不改。由于受不了军训的苦，李阔打电话给父母要求退学。父母知道孩子的性格，但也想趁机会好好磨炼一下儿子，就主动跟班主任联系，让李阔一定坚持军训，并不再接孩子电话。

李阔实在没办法，只能选择逃避：其他人集合军训，他躲到餐厅的角落；其他人整理内务，他就长时间蹲厕所。对他来说，军训就像火上烤、锅里熬一样痛苦，太累了，受不了。李阔毫不掩饰自己对军训的厌恶。

案例三：

开学5天后，张焕的父母来学校给他办理了退学手续。班主任问他为什么要退学？张焕什么话也不说。后来，张焕妈妈满怀歉意地说：“学校老师挺负责任，学校环境也很好，但我家孩子从没住过校。孩子之所以要退学，一是不能天天洗澡，二是食堂伙食不习惯，天天吃泡面，实在是受不了，只能选择退学，找个能够走读的学校。”

彭衢杭千里轮滑活动出发仪式时合影

……

现在，像上面案例中娇生惯养吃不了苦的孩子越来越多。孩子惯不得，一定得养成爱劳动、自己事情自己做的好习惯，温室里长不出参天大树！

巴尔扎克说过："不幸，是天才的进升阶梯！"确实如此，温室中的花朵不能承受狂风暴雨，这正是对苦难的作用的最好诠释。温室花朵纵然是美丽，但却承受不了斜风细雨，从这方面而言，连一根平凡无奇的小草都比它强大。

人亦如是！即使家里的条件再优越，不必承受狂风暴雨，但是也不能让孩子坦然地去接受。一旦孩子接受了，那么，他就会像温室中的花朵一样，经受不了半点的斜风细雨，未来迎接他的将会是一败涂地。因此，父母要让孩子经历一些挫折，让他们勇敢坚定地走好生命的每一步。

频频出现的"问题少年"

孩子的心理承受力一般都比较弱，遇到问题的时候想不开。在这些不良情绪的影响下，很多孩子就会犯错，走上不归路。对一个个的"问题"少年，我们要多关注！

今天，"问题"孩了越来越多，怎么了？是父母对孩子关心不够吗？是家长没有给孩子创造好条件吗……不！很多时候，是因为孩子缺少挫折教育。所以，提醒父母，对一个个的"问题"少年，多些关注！

◆ 15 岁少年要钱未果持刀掐母脖子

下午 2 点刚过，一个木材加工作坊内，15 岁的陆晓向母亲要钱，可是母亲没有给他。一气之下，陆晓动手打了母亲，还将家中值钱物品砸坏。整个房间一片狼藉，电视、冰箱、洗衣机、饮水机无一幸免，连吃饭的碗都被摔在地上。大米、菜更是满地都是，房间内再难找到一件完好的值钱物品。房门外，一辆电瓶车倒在地上，陆晓先是砸电瓶车，后来还打算放火烧。

陆晓将母亲逼到墙角，用自己的两只手掐住母亲的脖子，姥爷看到了这一幕，劝他：“你再掐，我砍你哈！”可是，陆晓根本就没有将外公放在眼里，狠狠地说：“你砍！你砍啊！”

姥爷无奈地看着被外孙砸坏的家，只好报了警。下午4点左右，警察赶到现场，陆晓就跑到角落里，手拿一把菜刀和一把匕首，和警察僵持起来。

陆晓右手持匕首，左手拿菜刀，蹲在木材加工作坊的一个角落里，警方距离他约20米左右。陆晓扬言，一旦有人靠近，他就会使用武力。考虑到陆晓情绪激动，警方一直没有靠近，而是采用了温和劝说的方式。可是，多次劝说后陆晓并没有听进去。不仅如此，他还将刀架到自己脖子上，威胁说，如果警察再过来就自残。

7点20分左右，特警到达现场，和现场民警一起商量行动方案。7点40分左右，特警开始第一次强制制服行动，不料陆晓突然跳入墙角边的一条河沟中。

为了防止发生意外，警方还叫来了120现场待命。最后，公安局出动了谈判专家。通过耐心的劝说、讲道理，在谈判专家的努力下，陆晓最终放下了手中的刀，自己走了出来。随后他被警方带走接受调查。

◆ 17岁少年威胁母亲“哪天杀了你”

小强现在17岁，在母亲的记忆中，儿子一直都很懂事。在广州读初中时，经常帮忙做饭，一家人其乐融融；16岁时，第一次打工挣了200元钱，回家给奶奶祝寿时，还给亲戚家的小孩每个人发了10元钱……然而，现在这一切都变了，儿子不肯去找正当工作，一开口便是要钱，不给就狠命地踢打母亲，母亲都快要被他打死了，真不知道该怎么办。

母亲很无奈，只好求助于媒体。第二天下午，记者就来到了他们家。在一间昏暗的出租屋，记者和母子俩交谈了很长一段时间，希望能改变小强对母亲的态度，重新树立正确的价值观。然而，当天傍晚，小强把正在上班的母亲叫回家，关上房门将她暴打了一顿。母亲的手臂被打得青一块紫一块，头发也不知揪下多少。家里被小强砸得一团糟，当晚，母亲不得不住到了妹妹家。

第二天，母亲悄悄回家探望，小强看见母亲后便向她要5000元钱，他说要去东莞带回一个女孩，然后"卖"到广州的休闲会所。母亲实在拿不出钱，而且她也不敢拿钱给儿子做违法的事情，为此又招来儿子一顿暴打。

第二天下午，电视台记者来采访，然而当出租屋内的小强看到摄像机后，猛地反锁了房门，随后就传出猛烈的砸东西的声音。母亲知道，那是儿子在发脾气，家里的电视机遥控器、冰箱都被他砸烂了，这下新买的电饭锅也没了。

砸东西的声音持续了十几分钟，之后更惊人的一幕出现了：小强气冲冲地从屋里冲出来，当着外人的面狠狠甩了母亲几个耳光；之后，使劲地拉着母亲的头发，将她拉到楼梯口角落里踹了几脚。母亲哭了，然而儿子并没有停手。他不停地踢打着母亲，并大声吼骂。附近邻居都悄悄地关上了门，一位大伯过来劝阻，小强却指着大伯大吼不要他管："小心我哪天不高兴把你杀了。"

打了十几分钟后，小强气鼓鼓地甩门而去。临走时他说，让母亲给他一万元钱，从此断绝母子关系。母亲掩面而泣，地上一片狼藉。哭过之后，看着一片狼藉的“家”，母亲终于绝望了，她觉得，自己管不了孩子，打算回老家。儿子让她伤透了心，寻求媒体帮助已是她最后一个希望，现在这个希望似乎也要破灭了。

现在，这位母亲后悔极了，因为她认为，儿子和自己隔阂那么大，都是她造成的：“真不该在孩子那么小的时候就离开他。当初我是想多挣些钱让儿子过上幸福的生活，没想到现在竟然是‘钱’让儿子迷失了方向。”

◆ 姐姐绑架弟弟向父母勒索2万元

小婷的父母长年在外打工，在镇上购置了商品房，她和弟弟由外公照顾。但是小婷不思学业，整天上网，经常逃课，家里给的钱不够用，小婷为此非常苦恼，觉得待在这里没前途，想要和朋友小英到成都“发展”。

小婷讨厌读书，特别向往社会上的自由自在，也很想外出。她平均每天都要花费10元钱上网，这是一笔很大的开支。从2013年起，曾经是她跟屁虫的弟弟，被父母送进了镇上的一所较好的中学，而弟弟的零花钱和零食都比自己多，这让她感到很不高兴，开始憎恨父母。她和小英一番商议后，导演了一起“绑架”案。

按照计划，当天是周四，其后三天，也可以哄弟弟不用上学，母亲肯定熬不过这三天的“折磨”，就会乖乖地拿钱出来，为了显得更逼真，她还拿来绳子捆住弟弟，拍成照片后发给母亲。

就这样，弟弟在毫不知情的情况下，就被她们哄骗出去了。当天下午，母亲周女士就接到一个陌生电话，一个女生压低嗓音告诉她：“你的儿子被绑架了，如果想找回儿子，必须立即拿出两万元。”周女士半信半疑，儿子小彤在当地一所中学读书，刚才离家上学，怎么会被绑架呢？她立即打电话到学校去，得知儿子果然不在学校。

周女士慌神了，就在其四处寻找儿子下落时，她又接到绑匪发来的短信：“你儿子现在在我这里，限20分钟内打2万元到指定银行卡卡号上；如果报警，自己晓得后果；20分钟后没钱的话，你儿子就可以不回来了，要儿子命，还是要钱，自己掂量！”绑匪还通过手机彩信传来一张小彤的照片：小彤手脚被捆绑，眼睛被布蒙住。

惊恐万分的周女士立即报警。由于案情重大，派出所立即成立了专案组。民警了解到，小彤的父母多年在外务工，母亲才回家不久，经济条件一般，绑匪为何会盯上这一家呢？

警方经调查发现，绑匪的勒索短信是通过一个本地手机号码发来的，并提供了一个银行账号。持有银行卡的女孩表示，当天她的卡被朋友小婷借走，而小婷正是小彤的亲姐姐；手机主人为当地少女小英，小婷和小英关系很好。当天下午案发后，这两个女孩就不知所踪。

侦破过程中，周女士再次接到勒索短信：“给你10分钟，10分钟没有钱，你儿子一只眼睛就没了。”人质可能面临危险！警方加快了行动。当天下午6时许，在一家网吧内，涉案的小英被抓获，让民警意外的是，被绑架的小彤正和小英一起上网；一个小时后，小婷在郊区被抓获。

◆ 为筹钱上网，绑架亲弟弟诈骗父母

2010年9月16日下午，上小学6年级的儿子滔滔在校门口被2名陌生男子骗上一辆面包车后不知去向。很快，爸爸就接到了陌生人的电话，要求交6万元的赎金。

刑警大队迅速开展侦查，为确保人质安全，李某在民警授意下，与对方电话周旋。经过谈判，李某向对方指定账户打入1万元。两个小时后，滔滔被人送至大悟长途汽车站，乘车返家。

经过侦查，26日下午，民警在大悟县将3名嫌疑人抓获。令办案人员大跌眼镜的是，3人中15岁的李某，竟是滔滔的亲姐姐。

……

每每看到这样的新闻不知道有多少人为之痛心，可又有多少人真正在反思，有多少人能真正在自己孩子身上用正确的教育方式培养自己的孩子呢？避免这样的悲剧再次上演呢？看看身边的一些家长的所作所为不正是这些悲剧的前戏吗？

彭衢杭参加杭州网小记者绿城足球俱乐部采访时表演射门

由于缺少挫折教育这一环节，孩子的心理承受力一般都比较弱，遇到问题的时候想不开，心里有压力，就会出现郁闷、烦躁、偏激……在这些不良情绪的影响下，很多孩子就会犯错，走上不归路。

在郭靖与杨康的对比中体会如何做家长

老话说得好：“慈母多败儿！”包惜弱没有培养杨康吃苦的精神，更没有培养杨康的民族大义，导致后来杨康人生的重大悲剧。可以说，杨康的失败，根源在于包惜弱。

对于我们这些20世纪70年代初出生的人来说，对《射雕英雄传》应该比较熟悉。同样是英雄的后代，为什么高智商的杨康失败了，而智力平平的郭靖却取得了巨大成功呢？

也许有人说，郭靖同学运气好，碰到的都是高手。运气真的是郭靖成功的因素吗？虽然是虚构的小说，但通过对两个人物的比较，会让我们学到很多。

◆ 母亲成就孩子性格

郭靖的母亲李萍，是个标准的家庭妇女，没有文化，没有地位，遭逢家庭巨变，但她不向命运屈服，也不妄自菲薄，培养了郭靖很多优点，比如：积极向上、吃苦耐劳、独立、不服输、认死理、讲信义、有责任心、有民族大义。

杨康的母亲包惜弱，用现在的话讲是个超级“白富美”，有文化、有教养、有背景。可是老话说得好：“慈母多败儿！”她没有培养杨康吃苦的精神，更没有培养杨康的民族大义，导致后来杨康人生的重大悲剧。可以说，杨康的失败，根源在于包惜弱。

◆ 父亲成就孩子的未来

完颜洪烈对杨康精心培养，寄以重望，却以失败告终。为什么？用现在的话来讲，完颜洪烈相当于大型垄断国企的董事、副总裁，有望接任总裁，而杨康则是他培养的接班人。

完颜洪烈才智有余，而德行不足，整天阴谋诡计，他的身边更聚集了一帮恶人。近朱者赤，近墨者黑，长期的耳濡目染造就杨康同样才智有余，德行不足。

由于王爷夫妻的溺爱，王府的下人们包括完颜洪烈的客人们，对杨康纵容无比，使杨康沾染了纨绔子弟的习气。其实，杨康本性是善良的。所以，有钱、有势且重点栽培孩子的父亲未必优于穷人。

郭靖是一个单亲的孩子，在他的生活中，铁木真、哲别、江南七怪、马钰都充当了临时父亲的角色，而这些人有一个共同的特点——脚踏实地。

◆ 性格决定命运

在一个人的一生中，需要四种人：高人指点、贵人相助、友人欣赏、小人监督，而决定这四种人的是自己的性格。

郭靖从小善良，对英雄仰慕，认死理，小小年纪冒死保护哲别，结果哲别成为郭靖人生中的第一个高人，成为他的第一个师父。而正是郭靖的这种性格，铁木真成为郭靖人生中的第一个贵人。也同样由于这种性格，拖雷、华筝成为郭靖“小学、初中”阶段最好的同学。

郭靖天性善良，帮助穷人，不屈服于权势，结识了他人生中最重要的贵人黄蓉。黄蓉成为郭靖最优秀的“大学同学、女朋友和资源的整合者”。郭靖同学傻乎乎，不自信，但黄蓉给了他最大程度的欣赏，让郭靖逐渐自信起来。

物以类聚，人以群分。杨康的“大学同学”最有名的是欧阳克，而欧阳克是典型的才学有余、道德败坏。再看杨康的另一个大学同学兼女朋友——穆念慈，穆念慈在对杨康的引导上明显没有黄蓉高明，包容性不够，一味地强调杨康要怎么怎么做，缺乏对杨康的真正理解与引导。

◆ 暂时的领先，不等于永远领先

小学优秀不等于初中优秀，初中优秀不等于高中优秀，高中优秀不等于大学优秀。如果以现在的标准来说，在小学、初中阶段，杨康是优等生，而郭靖是刻苦学习的学生。人生是一场接力赛，整合教育资源是家长的一件大事。

杨康的老师是丘处机，用现在的标准，杨康相当于全国顶级的人大附中的尖子生，老师的水平是全国一流的，学生的智商也是全国一流的。这种教育最大的副产品——杨康一身傲气。郭靖的老师是江南七怪，用现在的标准，相当于勤学苦练的基层学校的老师。老师的教学环境水平明显不如丘处机，郭靖的智商明显不如杨康，但江南七怪培养了郭靖吃苦的精神，给郭靖打下了扎实的基础。

郭靖在小学、中学阶段暂时落后，但是他在小学、中学不断努力，大学阶段获得了巨大成功。按现在的标准，他的四个顶级老师：洪七公，相当于浙大的校长；周伯通，相当于清华的校长；黄药师，相当于复旦的校长；段王爷，相当于北大的校长。

杨康的大学老师是梅超风，相当于复旦除名的一流教授，但她的教学方法有问题，更重要的是心理有问题，肯定会影响到杨康。在全国五大顶尖高手中，唯一可以成为杨康老师的是欧阳锋。然而杨康却杀了老师的儿子，惹来杀身之祸。可见，老师是不能得罪的。

◆ 内外兼修，才是王道

郭靖同样有家教老师——马钰。用现在的话来讲，马钰相当于清华大学的著名教授，他不教郭靖武功，只教郭靖在内功上多花点时间，培养郭靖由内而外的强健。如果一味

彭衢杭参加杭州网小记者绿城足球俱乐部采访时表演射门

地上培训班，炒学校的冷饭，无非相当于江南七怪增加了对郭靖练功时间的要求。有没有作用？肯定有。但收效不会很大。

◆ 读万卷书，不如读烂一本书

读书是福！读古书是与古人游，读名著是与高手游。读书不仅会增加我们的知识，更会启发我们的智慧。人生是短暂的，书籍是知识的海洋，当你进入这个海洋每天遨游时，你会发现人生是如此的精彩，可以上下五千年，纵横八万里。

古人讲：“取法乎上，得乎其中”。越是经典的书，作用越大。郭靖智商不高，但他认死理，将《九阴真经》背得滚瓜烂熟，事实上背的时候，他根本不懂是什么意思！但他终于取得了巨大成功。

◆ 要我学不如我要学，我要学不如我爱学

郭靖有四个全国顶级老师教，为什么达不到周伯通的境界呢？因为郭靖是一个典型的听话孩子，是一个书呆子。他完成了从要我学到我要学的转化，但没有转化到我爱学。而周伯通呢？是一个典型的学习疯子。他说的话：饭可以不吃，但武不可以不练！学习比吃饭还重要！

孩子身上都会出现这样的三种状态。有些知识是老师、家长要他学，他能全部听或者部分听，也有可能都没有听；有些知识，他是自己要学；有些知识，他是爱学。对于这三种状态，家长要积极引导。首先，要全部达到“要我学”；其次，部分“要我学”转化为“我要学”，部分“我要学”转化为“我爱学”，循序渐进，逐步提高，争取做一个踏踏实实的“郭靖”。

总的来讲，作为学生和家长来说，要努力学习郭靖和母亲李萍，不要学习杨康。

别让孩子太安逸，让孩子多吃点苦

在溺爱中孩子经受不住一点风吹雨打，一遇到困难就退缩，这样的孩子是难以成为真正有用的人才的。别让孩子太安逸，要让孩子多吃一点苦。

我的老家在衢江区廿里镇，目前我是中央一家媒体驻杭的负责人。由于平时自由时间比较多，所以我陪儿子训练的时间也多一些。

我从来都没有逼迫儿子学过任何一样东西。每个项目都是他感兴趣了，主动提出来要学的。比如，他看见小区里有哥哥姐姐玩轮滑，他也想玩，我就让他练。不过，一旦孩子开始学了，我就要求他不能半途而废，每个项目都给他请教练。如果学了一半就不学了，什么都学不好。在这方面我一直很严格地要求他。

我没给儿子定很高的目标，也没想过非要让他成名，更多的是因势利导，让他成为一个爱学、好学、多学的儿子，利用小学阶段尽量多接触各种技能，开阔视野，通过各种技能的尝试提高他的综合能力。

我觉得，现在孩子定型还早，所以多学些技能，多吃点苦都是有好处的。我儿子的围棋的天赋更高一些，我想把它都挖掘出来。等以后上初中或高中时，仍爱好哪一些项目，可以再去重点发展。

对待孩子犯错误，我也一直坚持我的原则。如果孩子是第一次犯错，我会给他指出来，帮他纠正；第二次犯同样的错误时，我可能就会批评他了；如果是第三次犯同样的错误，那就要打屁股了。可能对于孩子，我更多的是保持严厉的一面，因为我要让他明白，什么事该做，什么事不该做。

从幼儿园起，儿子就在杭州读书，如果孩子在衢州，能否教育出这样的孩子呢？环境的影响可能会有一些，但教育孩子主要还是家长的教育方法和理念。如果是在衢州市区学习，我想也一定能教育出这样的孩子。

有些家长问：这样的孩子还有童趣吗？你认为怎样才算有童趣？难道是上网打游戏、捉迷藏和玩泥巴？现在一定有不少成年人有这样的想法：要是在小的时候多学一些技能本事，生活可能会和现在不一样，会更好一些。我希望孩子以后不会有这样的遗憾。

我的孩子很活泼、很快乐。因为他训练的每一项都是他自己提出来学习的，他在这么多的训练队里认识了很多朋友，以后和别人聊的话题更多，也一定能更合群。儿子有这么多的收获，他自己比我这个做父亲的更高兴。而那些被家长逼着学这学那又毫无收获的，孩子确实是累而且不快乐。

记者私下问儿子："你爸爸很凶吧？你练这么多会不会觉得累？"儿子说："还好吧，训练并不累，因为我的收获更大。奖杯、奖牌、证书的数量让老爸改变了和我的约定。开始时我每拿一次奖老爸请我吃一次比萨，可现在的约定变成了一碗拉面加一个荷包蛋，老爸说否则他要'破产'了。这不是说我老爸小气，因为我心里明白他的用意。奖励无论是比萨还是拉面都不重要，重要的是对我成绩的肯定。其实，老爸为我购买各种装备的时候可大方了。"

彭衢杭参加建兰中学军训

老师说，我儿子是一名很优秀的学生。他的学习成绩一直都在班里保持中上水平，是他们班上的体育委员，是学校小记者团的负责人，也是快学网上的小记者论坛管理员。平时学校里有什么活动都会参加。

尽管获得许多荣誉，但平时也不张扬，不过一到参加比赛，参加活动时，就很有气势。

速度轮滑界顶尖教练刘岩是儿子的轮滑教练，在他眼里，儿子很不错：“他最大的特点就是肯吃苦，其他孩子一个动作做不好，就放弃了。他做不好就会来问我，直到做好为止。我觉得其他孩子如果像他这样得到全面的、科学的开发，并且努力，也能达到这样的水平。”

我觉得，阶段学习很重要，但更是孩子学习学业以外各种技能的黄金期，这些技能是一个人各种素质培养的关键，我不希望我家儿子只是个“书呆子”，更希望通过各种技能的学习，让他成为一个坚强、健康、快乐的阳光儿子。因此，我会把自己更多的时间花在有意识的引导培养孩子学业以外的各种技能上。

现在的大多数中国父母都把独生孩子当成掌上明珠，在孩子成长过程中，自己宁肯尝遍千辛万苦，也不愿让孩子受到一丁点儿委屈，他们舍不得让孩子放弃优越的环境，舍不得让孩子离开父母的保护，舍不得让孩子自己去奋斗。于是，今天的很多男孩就一直在父母过度的保护和关爱之下成长。在溺爱中孩子经受不住一点风吹雨打，一遇到困难就退缩，这样的孩子是难以成为真正有用的人才的。

正是基于吃苦有益的理念，今天的美国、德国、加拿大、瑞士等西方发达国家，十分重视对孩子的吃苦教育，并努力把孩子培养成具有适应各种环境和独立生存能力的社会人，以托起他们民族明天的希望。然而，与这些国家相比，我们的育儿观念却大相径庭。

现在，随着物质生活条件的改善，加上趋甜避苦是人的天性，一些家长对吃苦教育认识理解并不那么深刻，在教育孩子上往往表现为“四过度”：过度宠爱、过度保护、过度照顾、过度期望，导致了大量的“啃老族”的出现，催生了“我爸是李刚”这般“骄横儿”、“谁敢打110”如此“跋扈弟”的“问世"。这说明，吃苦教育的缺失，如果不及时补正，对家长的期盼、孩子的健康成长、社会的进步，都是非常不利的。

从小培养孩子的意志力——好家长的必修课

意志力是一个人实现生活、学习、工作直至人生目标的重要品质，也是克服困难、跨越障碍、解决矛盾的心智力量。意志力受环境影响或培养而来的，也可以通过训练获得。

意志是学习中的一种非智力因素。意志坚强的孩子，一般来说，学习的自觉性都比较强，并能克服困难，坚持组织自己的学习，取得良好的学习成绩；反之，意志薄弱的孩子，往往会影响学业成就的提高。

在孩子小时候，家长就要培养孩子的意志力。可是，在我们身边经常会出现这样一些场景：

傍晚，乌云密布，憋了一天的雨终于下了。放学后小乐逗留在自家楼下不愿进屋，时而穿着凉鞋在水坑中奔跑，时而仰面朝天让雨尽情拍打自己的脸。看到没打伞的邻居，小乐还急匆匆地回家取伞，主动送过去……

妈妈起初看儿子在雨中尽情玩耍，觉得这体现了他的童真和善良，并未上前阻拦，一直让他玩到尽兴。第二天早晨到了上学时间，妈妈发现儿子仍懒在床上不动弹，琢磨儿子会不会淋雨生病了，但摸着小乐的额头却不热。儿子却顷刻间泪流满面，边哭边说："我那么淋雨，怎么还不发烧？"

母亲这才恍然大悟。

母亲失落地说：“没想到儿子情愿生病发烧，也不愿意去上学。”

其实，今天借病不上学不仅是小学生的惯用伎俩，幼儿园小朋友也乐此不疲。

小彤上幼儿园中班时，每天早晨去幼儿园的途中都称“肚子痛”。放心不下的妈妈把孩子交给老师时，特意嘱咐老师孩子身体不适。老师却称：“不少孩子都有类似现象，因为不愿上幼儿园，所以谎称身体不舒服。”

还有的家长反映，孩子打电话慰问生病的同学时竟称“你真幸福”，可见在孩子心中只要不必到校上课，哪怕遭点儿小病小灾也被视为是一种幸福。

今天，以逃离课堂为“幸福”的孩子不少。不少家长把这种现象归结到教育体制问题，可是我觉得，现在孩子的生存状态很矛盾：家长想让孩子快乐成长，崇尚欣赏和尊重的教育方式，但受客观制约，孩子们必须面对激烈的学业竞争。从小一直被娇惯的孩子，此时就会出现抗挫折能力差、过度敏感的问题，甚至少得一朵“小红花”都会产生很大的情绪波动。

另外，一些家长的过度期望无形中给孩子很大的心理压力。父母、老师的批评本应是很正常的事情，但很多孩子却经受不住，感觉心情沉重、焦虑，时间久了学习成绩自然就不会好，抑郁心理不断累积，就会直接导致过敏症。从幼儿期培养孩子迎难而上的意志力很重要，否则学业再优秀将来也易一蹶不振。

培养孩子的意志力是家长的一门必修课。那么，如何来培养孩子的意志力呢？可从以下几方面着手：

◆ 为孩子制订一个明确的目标

目标，是一个人行为做事的方向，让孩子朝着目标去努力，是锻炼意志力的起点。家长可以根据孩子的学习需要或兴趣取向为孩子制订一个长期或近期的发展目标。比方，针对孩子的弱科制订一个计划：每天做点什么，解决点什么问题，每周或每月达到一个什么目标……关键要合理，切合孩子的实际，不要人为跨越，揠苗助长。

◆ 培养孩子做事有常性

持之以恒，做事有常性，是一个人意志力的重要体现。为孩子制订了目标之后，就要督促他们一步一个脚印地去完成。如果三天打鱼，两天晒网，一曝十寒，不但不利于意志力的培养，还会让孩子更加懒散。

有人曾这样说，一个人没有了财物，只是失掉了生命中的一部分；没有了金钱，也只是失掉了生命中的一部分；但如果没有了意志力，就失掉了生命的一切。为了让孩子能够积极面对挑战，适应新时代面临的压力，家长就要注意培养孩子征服困难与挫折的意志力。

彭衢杭在农村帮助干农活

独立生活能力的提升是站在大学门口迈出的第一步

家长们应该改变观念，一定要培养孩子的独立自主能力，让他们多进行自我锻炼，不要培养出一个无用的孩子来。

当前，中国的独生子女大多存在着独立生活能力差的问题。

案例一：

小飞考上了大学，虽然已经18岁了，可是小飞妈担心儿子生活不能自理。

小飞读初中时，妈妈觉得孩子还小，没让孩子做洗衣、洗袜这些事；上高中后，又觉得学习压力猛增，更没让孩子把时间和精力花在家务事上，孩子的一切生活起居，都由父母包揽。可喜的是，儿子不负众望，考上了大学。可眼下，儿子就要报到，基本生活技能一窍不通，这让她不免担心。

眼看距离儿子报名只剩下一周左右的时间，小飞妈担心儿子在外面吃不好，穿不净，辗转难眠，最终决定召开紧急“家庭会议”。奶奶建议：“先给他准备30双袜子，让他一天换一双，一个月后再派人到学校去大扫除。”奶奶的主意，顿时赢得全家人的支持。

彭衢杭小时候游杭州河坊街

第二天，小飞妈就到超市为儿子买了30

双袜子。她想，30双袜子可以让儿子穿一个月。届时，她再去学校看儿子一次，帮他洗袜子，让他慢慢学会了再“放手”。

案例二：

9月2日上午，刘先生和妻子一直站在校园里等正在教学楼内开会的女儿。他们的女儿笑笑是大一新生。

这是笑笑第一次出远门，笑笑妈真放心不下，担心女儿吃不惯会想家，这几天，笑笑妈一顿换一个食堂，替女儿尝尝饭菜。第三食堂、蒙牛食堂等她都去过，四家食堂里的菜样和主食种类都很丰富。

笑笑妈对照了一下女儿平时在家的食谱，觉得她在这边应该能很快适应饮食。他们家平时吃面食比较多，很少吃米饭。在这所大学的食堂里，笑笑妈尝了一下炒面、炒饼、鸡蛋饼、各种包子，都不错，卫生不错，味道也挺好，这样她就不担心了。

上大学不只是要做学问，更重要的是学会如何做人，学习如何走出父母的怀抱后真正地实现精神上的“直立行走”，而独立生活能力的提升正是站在大学门口迈出的第一步。家长们要试着放开自己的双手，给孩子一个独立生活的空间，让儿女们通过自己的尝试不断成长，用他们的双手实现自己的梦想。

与上面案例相对应的，在我们身边还有很多自立自强的孩子！

案例一：

郑伟1岁时父亲去世，上高中时，母亲瘫痪在床，生活不能自理，他不得不辍学在家照顾母亲。就是在这样艰难的条件下，他坚持自学，以

572分的成绩考上了大学。

9月1日，郑伟带着偏瘫的母亲从老家来大学报到。为了方便他照顾母亲，学校特意选择了一楼的四人间宿舍，宿舍附近就是餐厅和超市。学校大学生事务服务中心还赠送给他一辆新的自行车。

面对大家的关爱和热情，不太爱说话的郑伟打开了话匣子：“上学前，我给所有帮助过我的人都发了短信，告诉他们我上学了，他们都说恭喜我。这几天想着大学该是什么样，应该跟高中差不多。一看不太一样，跟家里的差距太大了，压抑几年的心情好像一下子释放了。”

案例二：

王晓路8岁起就照顾瘫痪在床的母亲，上高中后又背着母亲上学，她的事迹感动了许多人。王晓路的母亲瘫痪11年，父亲打工受过重伤。高中时，每天早晨5点多，王晓路就要起床给妈妈做饭。晚上10点半学校下自习，但王晓路9点半就得回家，给妈妈做饭、洗衣服、按摩、擦洗。

2012年高考，她以578分的成绩考入安徽农业大学。几天前，她和母亲在爱心车队的帮助下，租住在学校附近一间16平方米的小屋里。

每天早上，王晓路都会到学校附近的菜市场买好午饭的材料。她们的租住房，房间里陈设简陋，每月租金和水电加在一起要650元。因为好心人的帮助，王晓路大学四年的学费和生活费已经全部解决。父亲现在仍在外地打工，虽然不能干重活，但他仍然在为家努力着。父亲在纸上写下的鼓励：“带着你的微

彭衢杭假期在农村干农活

笑和坚强走在人生的大道上。"

……

不可否认，这样的大学生值得所有人尊重。现在中国的家庭中大多只有一个孩子，孩子都成了家长的心肝宝贝。许多家长认为让孩子幸福的方法就是为他们多做事。最后，就造成了孩子长大了却什么都不会干的情形。有些孩子甚至觉得自己在家没有什么事情可做。家长们应该改变观念，一定要培养孩子的独立自主能力，让他们多进行自我锻炼，不要培养出一个无用的孩子来。

培养孩子的独立生活能力是一项长期、烦琐、细致的工作，进行这项工作，家长应做到以下几点：

◆ 让孩子自己吃饭

有些孩子之所以长大了还不会自己吃饭，很多时候是因为父母担心孩子吃饭时弄脏了衣服或桌布，因此，总是给孩子喂饭。于是，很多孩子到五六岁仍不会自己吃饭。做父母的，最好能从孩子 1 岁的时候就开始让他学着自己拿筷子或匙子，这样到了三四岁，孩子就可以拿着筷子自己吃饭了。

◆ 让孩子自己穿衣服

可以让孩子从穿衣等小事学起，从袜子、上衣、裤子……一步一步地学习。刚开始的时候，家长在帮助穿衣的同时也要教孩子如何穿衣，然后再循序渐进地让他自己穿衣脱鞋。在教孩子脱衣的同时，要让他学会把衣物叠放整齐。有些训练可以在自己身上做练习，例如：系纽扣等。

◆ 让孩子经受一些“磨难”

日本人经常会把一些中、小学生送到荒岛上，让他们独立生活一段时间。孩子在上岛后，自己搭帐篷住宿，自己准备炊具煮食，甚至自己利用海水来制盐。经过这种锻炼，许多孩子都愿意劳动，学会了吃苦，性格也变得坚强了。我们完全可以借鉴日本人所提倡的“荒岛教育”。

◆ 自己的事情自己做

孩子的独立意识在两三岁的时候就会有所表现，他们开始喜欢帮助大人做一点事。家长就应该利用这个时机，进一步地培养孩子的独立意识，根据情况的不同，采取不同的方式来鼓励孩子自己干活。

◆ 让孩子帮大人做一些家务

如果孩子已经上了幼儿园，可以让他帮助你做一些较轻的家务活，如：扫地、擦桌、倒垃圾等。在他完成任务后，可以给他一些鼓励和表扬。这种方法既可培养孩子的生活能力，也能够让他有一个为别人服务的意识。

◆ 让孩子自己洗漱

父母教孩子初次洗手、洗脸时，可以做一些帮忙，没有洗干净的地方可以帮他再洗洗，也可替他挽袖等；在教孩子刷牙时，可以和他一起进行，让孩子有一个参照物，这样学起来会很快。

在日本有这样一句教育孩子的名言：“除了阳光和空气是大自然赐予的，其他所有的都要通过自己的劳动获得。”父母们一定要记住这句话！

培养纯爷们，从家长开始

足球是一项团队运动，能培养孩子的吃苦精神，让孩子体会到成功和失败的感受，跟队员一起为荣誉而战斗，这些在课堂上是学不到的。

2010年的最后一天，钱江晚报记者梁建伟发表了一篇《培养纯爷们，从踢球开始》的新闻稿件，我看后很有同感。

记者采访了马龙的老爸，马龙是学校足球队的队员，老爸为了支持他踢球也加入了他们的足球队，和儿子一起踢球。马龙爸认为，踢球能培养孩子的好性格。

现在，在我们身边经常能听到“伪娘”“男生娘娘腔”等抱怨。马龙爸坚持认为，男孩子从小踢球，就能变纯爷们！足球是一项团队运动，能培养孩子的吃苦精神，让孩子体会到成功和失败的感受，跟队员一起为荣誉而战斗，这些在课堂上是学不到的。

彭衢杭假期在农村干农活

这些观点和我是不谋而合，在儿子很小的时候，我就开始引导和指导他参加各种项目的训练，希望他成为一个能玩会玩而且能玩出点名堂的人。在我看来，学习固然重要，但身体健康更为重要。通过各种项目的训练不但可以让孩子学到玩的技能，还可以让他们的身体得到锻炼，这是一举多得的好事。

为了让儿子能更好更快地学会各种项目，自己主动去学习各种项目的理论知识，我还主动向教练请教、观看体育频道比赛，学到理论之后再转授给儿子。所以，很多项目虽然儿子比一般的人训练的时间少，可他的水平却并不比其他人差。

也许这可能会影响儿子一些需要死记硬背的科目的考试分数，但这对儿子的综合素养的提高却有很大的帮助。我一直这么认为，儿子也从中得到很多收获，他做任何事情都特别有激情和自信。

因此，我希望更多的家长能像马龙爸和我一样，在做自己的事业的同时能关注孩子的健康，能和孩子一起参与到锻炼中去，让自己的孩子从小能有一个好身体，能学几项体育技能，让他成为一个能玩会玩的孩子，玩出些有意义的运动，不要让自己的孩子除了学习还是学习。

引导孩子学会合理分配金钱

金钱是把双刃剑，用得不好就伤人——家长们对此一定要有充分认识。在处理孩子的零花钱问题上，家长首先要牢记：零花钱，也是一种教育孩子的手段。

也许很多人对比萨情有独钟，这从比萨店门口长长的队伍可想而知了，儿子也被他们这种为了吃上比萨而心甘情愿地花上几十分钟等待的举动吸引，把能吃一次比萨作为一个梦想。

可儿子的这种想法从未和我提起过，因为，那时到了周六我都会陪他去西湖边轮滑训练。每次到了湖滨路，儿子就会不自觉地瞄一眼那家比萨店，每次几乎都有长长的队伍。

有一次，儿子有意无意地问了一声：“他们为何排队呀？”我一眼便看穿了儿子的明知故问，就说：“你是不是也想吃比萨呀？”儿子违心地说：“我才不想吃。”可仔细观察之后，我发现，儿子心里还是被比萨吸引了，也许是被那么多人痴迷排队的好奇心吸引了。

有一次，儿子和老妈说起区级三好学生评选的事情，我灵机一动说：“儿子，你如果今年评上区级三好学生，就带你去吃比萨。”或许，儿子感觉我只是在刺激他，也许我早知道他不可能评上才那么爽快的承诺。

所谓无巧不成书，儿子还真评上了区级三好学生，本以为我会很快兑现承诺，可我一直装糊涂没了下文。儿子也就不寄希望了。周六我们还是照旧逛街，不过和以往不一样的是这一天我改变了逛街路线，到了比萨店，这时我对儿子说：“儿子停下来。”儿子还故意说：“为何停下来呀？要快点回家吃饭的呀。”我说：“你以为老爸忘了自己的承诺了吗？还没请你吃比萨呢。”

彭水明、彭衢杭参加家庭教育论坛时接受记者采访

儿子不由地急停下来，走进了比萨店。说也奇怪，平时人满为患的湖滨店，那天却不是很拥挤，很容易就找到了一个空位，刚坐下漂亮阿姨就笑眯眯地走过来问我们点什么。儿子朝我看看，我说：“儿子，今天你做主，想吃什么自己点。

不过一定要一个比萨饼。”最后，儿子点了一个比萨饼，还点了水果沙拉和鸡翅。

比萨久久不上来，儿子不时地向那里眺望。我知道，儿子的心里已经迫不及待了。可真上来后，儿子却泄气了：“不过是面包上加了点牛肉，虾仁什么的，难道这味道与众不同吗？”儿子猴急似的吃了起来，吃了几口说：“到了嘴里，面包还是面包的味道，牛肉还是牛肉的味道，虾仁还是外婆做的味道更地道。”没吃几口，儿子就没了食欲。

看到儿子不想吃了，我就说：“儿子，你去埋单。”我给了儿子200元。儿子傻傻地看着我：“不会吧，要这么贵吗？”这时，阿姨拿来了账单，共168元。

回来的路上，我看儿子一声不吭，说：“你后悔了吗？”儿子翘着嘴说：“是呀，你怎么不早说这很贵的呀，要不然我肯定不吃了，再说现在想想还是拉面加荷包蛋好吃，168元有30次拉面吃，真是亏大了呀！省下来的钱可以买很多运动装备呢！”

我说：“我也认为亏大了。”可是，我感觉很值得，因为今天这顿饭让儿子学会了“斤斤计较”，也学会了该如何合理分配金钱，该省的要省，不能省的就不省。每次为了买运动装备，我从来都不会为了省钱买低档次、便宜货，可吃东西只要营养够了就可以了，不一定要吃贵的，这样儿子以后就会合理分配和正确使用金钱了。

我真的对儿子很用心，虽然我们平时在外面吃饭以简单拉面荷包蛋为主，可什么肯德基、麦当劳、鲍鱼等儿子也吃过，但儿子从不羡慕那些整天吃这些的人，他更能接受老爸的用钱法则，这要感谢请儿子吃比萨的那顿饭。

花钱不是一件简单的事，近年来，随着人民生活水平的提高，许多家庭日益富裕起来，孩子们的零花钱便也在不知不觉间不断上涨，有的甚至到了让人瞠目结舌的地步。

身为父母，谁不爱自己的孩子，谁不愿为孩子付出呢？但是，家长们该给孩子什么？这是一个值得深思的问题，一味地给钱显然是错误的，而应该给他们以知识和正确的引导。

金钱是把双刃剑，用得不好就伤人——家长们对此一定要有充分认识。在处理孩子的零花钱问题上，家长首先要牢记：零花钱，也是一种教育孩子的手段。

◆ 培养合理的消费观念

花钱是一门深奥的学问。就像学游泳一定要亲自下水一样，不让孩子自己掌握、使用零花钱，他们就学不会合理消费，这对他们以后走上社会，独立生活是不利的。

◆ 培养劳动意识

家长可以把零花钱作为一种奖励手段。比如，孩子做了什么家务劳动，学习上取得了什么成绩或进步，可以按照事先的约定给孩子一定的奖励作为零花钱。让孩子形成劳动最光荣的观念。

钱要用在关键的地方，不能随便乱花

零花钱是每个家庭都无法回避的问题。如何对待“钱”，是人生道德大厦中一根重要的支柱。孩子对零花钱的态度，直接影响着其成年后道德的形成。

过年拿的压岁钱如何安排，爸爸妈妈给的零花钱怎么分配，这些问题让很多孩子都伤脑筋。儿子的理财理念，都是我传授给他的！

也许是我从小贫苦出身，从小就告诉儿子要勤俭节约，不能浪费，该省的就得省，比如：很小的时候，我带儿子去动物园，儿子总是背着个小水壶出发。因为去外面买一瓶矿泉水的钱在家里可是能买好多的自来水了。这既省钱又锻炼了儿子肩膀的力量，还让儿子明白了自己要喝水就得自己背着。因此，儿子很少在外面买水喝，一般都是从家里带水出去，或者等回家再喝。

还有，我带儿子吃过肯德基、麦当劳、比萨等，但儿子却更喜欢拉面加荷包蛋。因为，我让儿子明白了：拉面荷包蛋比那些食品更健康和实惠。

同时，我还教儿子有些时候必须大方，比如：买运动装备的时候，我就特别大方。很多时候，我都会眼睛也不眨一下就买下了，因为我明白：装备好坏在关键时刻能决定比赛成绩的好坏，不能装备不如人家打击了儿子的自信心。

还有，如果请亲戚朋友吃饭，也不能抠门，应该尽力而为地招待好。

生活中，我经常会对儿子说：自己吃的健康是最重要的，不一定赶时髦。钱要用在关键的地方，不能随便乱花。可喜的是，儿子很认可我的这种既抠门又大方的理财理念！

今天，很多家长没有意识到给孩子零花钱是孩子的“成长需要”。让孩子自己乘车、买文具、买图书，其重要意义是通过“购买”这种最基本的社会生活方式，培养孩子的独立生活能力。

我觉得，至少在孩子七八岁时，家长就应该有意识地给孩子一些零花钱，并随着年龄的增长合理提高孩子自由支配的数额。家长也可以帮助孩子掌握一些最基本的理财知识，如消费、储蓄等。

零花钱是每个家庭都无法回避的问题。如何对待“钱”，是人生道德大厦中一根重要的支柱。孩子对零花钱的态度，直接影响着其成年后道德的形成。

作为父母，首先，绝不能在经济上放纵孩子，从小培养他们勤俭节约的思想；其次，在此基础上，教会他们如何消费与分配零花钱，掌握一些基本的经济知识。一句话，要使孩子合理使用零花钱。

小学生为什么会对网络游戏上瘾

有不少青少年其实也很想戒掉网瘾，但常常欲罢不能。如果有了良好的家庭教育和沟通理解，有了外力的正确引导，会有助于加强青少年的自控能力，使他们克制住这种冲动。

现在，很多孩子都喜欢上网，都喜欢玩网络游戏。可是，不可否认，网络游戏带给孩子的伤害是非常大的！

从游戏时间看。专家认为，孩子每天玩网络游戏的时间不宜超过 2 个小时。可是有些小学生为了玩某种游戏达到全校第一，除了上课时间外，剩余时间全玩电脑游戏，休息天更是全天玩游戏达到十几个小时，不仅让自己的视力大幅度下降，同时成绩也明显退步。

从游戏内容看。专家认为，孩子不宜玩充值和闯关游戏。在这些游戏里，系统会让孩子自动充钱，如果不充钱，就玩不了游戏，孩子只好乖乖地充钱。

有些小学生自己没钱就向父母要，父母如果不给，他们就会去偷、去抢。

如果小学生每天玩电脑游戏在 2 小时以上，必然会导致作业质量变差，要读要背的作业不做，课堂上老师提出问题回答不出、考试成绩不理想，被老师留在学校。这样自己不满意，家长不开心，老师也要生气。

为什么孩子会喜欢上网络游戏呢?

现在的孩子无论是在生活还是学习上面，乐趣太少，甚至非常匮乏，所以孩子在学习之外的娱乐时间都会想方设法寻找自己的乐趣。乐趣也是孩子成长过程中的必需，现在网络普及，游戏盛行，这正是满足孩子们成长中的需要。

在游戏里，孩子们完全是自己的主宰，甚至是整个游戏的主宰，可以从中证明自己的能力，通过攻关为自己带来快感，通过打败敌人来肯定自己的能力，通过享受游戏乐趣为自己带来快乐。每打败一个敌人、每攻破一个关卡、每征服一个难关，为自己带来的成功感，这是在现实生活中体会不到的。

在现实生活中，没有人肯定自己的能力、没有体验过成功的感觉，枯燥无味的生活非常缺乏乐趣，自然在生活中更加体会不到生活的快乐，在这样缺失的生活状态下，孩子们只有通过网络来满足自己的心理需要，证明自己，自我肯定，因此很多孩子会沉迷网络甚至不能自拔。

彭衢杭在校园里玩活力板

想要让孩子远离网络游戏，建立良好的亲子沟通，改善家庭教育方式是很重要的。网瘾并不是像抽烟吸毒成瘾等有某种成瘾物摄入体内，它只是玩家无法控制想玩游戏的心理冲动。

青少年的自控能力相对较弱，有不少青少年其实也很想戒掉网瘾，但常常欲罢不能。如果有了良好的家庭教育和沟通理解，以及有了外力的正确引导，会有助于加强青少年的自控能力，使他们克制住这种冲动。

彭衢杭参加杭州市
第十七届市运会乒乓球比赛

家长要帮助孩子们学习一些兴趣爱好，把玩电脑游戏的时间用到有益身体健康和学习技能的兴趣爱好上，这样孩子就没时间也不会整天想着玩电脑游戏了。

第五章 加强体质锻炼，培养健康好少年

生命在于运动，运动让生活更精彩

丰富多彩的体育运动尽管形式各不相同，但其基本的精神是相同的，那就是愉快的生活态度，较强的适应能力，个人行为的规范化、责任感及与同伴的合作精神。

每个家长都希望自己的孩子能够永远幸福，家长们总是倾其所能为孩子们提供好的吃穿条件和好的教育，但是家长们往往忽视了让自己的孩子坚持体育锻炼。很多家长不知道，在人漫长的一生中，人的身体素质发展有一个“时间表”。身体机能、素质发育的加速期都在少年时期。少年时体质如何，决定了人一生的身体状况！而成长时期如果没有抓紧，即使以后营养充裕，想补回来也很难。

正是由于家长们对于体育锻炼认识上的一些误区，不知不觉中害了自己的孩子。

我的儿子是“阳光儿子”，他的阳光更多地来自运动这片多彩的天空，是运动让他更坚强、更健康、更有活力。

校长曾有这样一句评价：“你儿子是我们学校的全能明星”，这对儿子来说，既是表扬，更是期望，也使儿子有了明确的奋斗目标。

儿子不一定能在某项运动上面取得很大的成绩，但他却让自己成为一名运动多面手。经过自己的努力和我的指导，如今还真像那么回事了呢！

说起运动，多数人会认为遗传很重要，也就是家里父母从事运动或有从业经验，这样家庭的孩子容易成功。也许你们不相信，一直引领儿子走向运动、陪他训练的是我。

我是从农村的山沟沟长大的，好多项目小时候听也没听过，更别说练了。可是，儿子现在好多项目就是在我的指导下开始训练，是我们俩共同努力让儿子爱上了运动，儿子也享受到运动带来的激情与快乐。

儿子非常喜欢运动，训练场上的挥汗如雨，赛场上的龙腾虎跃，领奖台上的激动自豪，都让儿子欣喜若狂。为此，儿子参与了许多运动项目，这里就说说他参与的主要运动项目吧！

足球：浙江省校园足球联赛德清赛区冠军，杭州市十八届市运会亚军等。

轮滑：参加世界杯马拉松赛和锦标赛，获得浙江省锦标赛亚军、第四名、第六名，浙江省环湖赛季军等。

乒乓球：国家三级运动员，浙江省排名前50名，杭州市运动会团体季军、双打第四名，杭州市锦标赛单打第八名，上城区单打第三名、第四名等。

帆船：杭州市中小学生锦标赛第四名、第五名。

游泳：连续五年参加杭州市横渡钱塘江活动，上城区运动会4×50接力第四名、蛙泳第六名、自由泳第八名等。

田径：上城区运动会800米第五名。

彭水明、彭衢杭在杭州市第十八届市运会足球比赛场合影

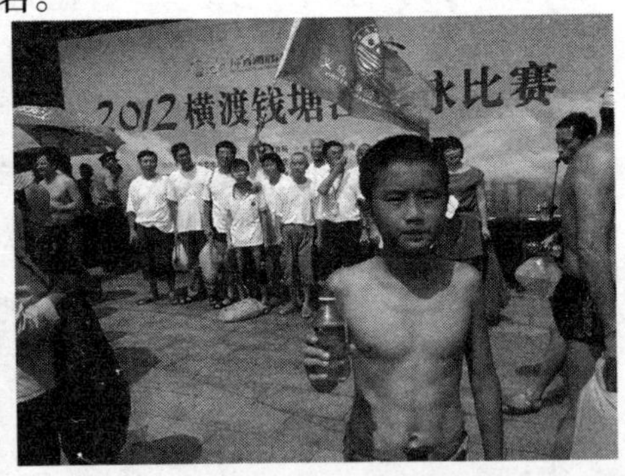

彭衢杭参加杭州市游泳横渡钱塘江活动

篮球：上城区锦标赛前五名。

围棋：杭州市联邦杯比赛优秀棋士、三等奖、第五名，上城区运动会小学组团体第六名等。

现在，你们明白为何说我儿子是全能明星了吧！

也许很多人会问，你儿子哪有这么多时间精力训练呀？我要说，其实，很多运动项目可以融会贯通，通过某项运动专门训练后，人的体力、耐力、爆发力、思维应变能力、柔韧协调能力肯定会比一般人高。只要经过某一专业技术的训练，其他的训练肯定比一般人要快。

儿子最早学习速度轮滑，是上幼儿园的时候。一次，放学路上，看到小区的大哥哥滑得很不错，我看他那么好奇，就问他是否喜欢。儿子自信地说喜欢。

我第二天就给儿子买了轮滑鞋，儿子就这样穿上了。一次次跌倒一次次爬起来，在我的鼓励声和批评声中，儿子渐渐地从不会到会。如今，儿子已经成为了杭州速度轮滑队的队员。其他项目也是在我的引导和支持下，经过儿子自己的努力一步步坚持下来。

虽然，儿子相对来说训练时间最少，但是老师们都说儿子的水平并不比单独练一个项目的队员差太多，我认为这和学轮滑使儿子的体力、耐力、协调能力强有直接关系。因此，虽然儿子学了这么多技能，时间花的也没有想象的那么多，却得到不少的收获。

也许很多同学除了学校的学习时间，课余休息天也还是学习，可我儿子除了在学校学习以外，多数时间是学习学业技能，而且在运动项目之外还学了电子琴、小号、摄影等，其中电子琴考出了七级证书，摄影还获得上城区比赛三等奖。

一直以来，我都认为，小学阶段学习固然重要，但更是学习各项技能的黄金时期。虽然有时会影响儿子在班里的考试成绩排名，但儿子却学到了很多同学没学会，将来也不可能有机会学会的技能，更使儿子有了坚强的意志和强健的体魄，相信这对儿子以后的发展会有很大的帮助。

我也希望更多的家长能够让自己的孩子参与运动，别让你的孩子成为一个"书呆子"，要让运动伴随着孩子们一起快乐成长。

现在想想那些因为跑几圈、排个队列就晕倒的学生，我感到很欣慰，因为我的儿子是不会出现这些状况的。虽然同事、朋友们老说我整天不务正业，为了儿子放弃了自己的事业，但是我觉得，这才是最有意义的事业，因为我儿子收获了健康和快乐。我儿子会继续坚持刻苦训练，让自己成为名副其实的"阳光儿子"。

丰富多彩的体育运动尽管形式各不相同，但其基本的精神是相同的，那就是：愉快的生活态度，较强的适应能力，个人行为的规范化、责任感及与同伴的合作精神，公正地看待问题，遵守规则和规定的能力。

另外，运动一般都具有艰苦、疲劳、激烈、紧张对抗以及竞争性强的特点。孩子们在运动时，总是伴随着强烈的情绪体验和明显的意志努力，通过运动，有助于培养他们勇敢、顽强、团结、机智、沉着、果断、谦虚、谨慎等意志品质，使他们保持积极、健康、向上的良好心理状态，成为一个心理健康的人。

意志品质的培养将会影响孩子的一生，做一个心理健康的人更是孩子一生的福气。爱孩子，就让他们运动吧！

面对孩子，家长该做些什么

在当今这个时代，存在诸多前辈父母们未曾遇到过的现象，故今日为人父母者，更应多留意孩子的教育，不然孩子可能就在不知不觉中被毁掉了。

今天，孩子们之所以出现了这么多问题，我觉得家长负有不可推卸的责任。孩子刚会走路说话时，还没有正确的思维能力和动手能力时，我们没有很好地把他们教懂和教会，而更多的是代办和包办。

这是造成独生子女后遗症的关键原因。如果家长不能改变这种教育方式，任其发展下去后果会很严重，在这里我要为孩子们呼吁：不要老把我们看成是长不大的笨孩子，其实有时我比你们更聪明、更能干，请你们相信我，给我更多的机会，这样我会变得更有出息。

作为一名教育者，从事教育时间越久，越真切感受到父母的观念与心态对孩子成长影响之巨大。在同一所学校，同一位老师指导下，孩子的情况却千差万别，固然有孩子资质方面的因素，但父母的观念及心态实不容忽视。

在当今这个时代，存在诸多前辈父母们未曾遇到过的现象，故今日为人父母者，更应多留意孩子的教育，不然孩子可能就在不知不觉中被毁掉了。

◆ 请重视孩子的教育

人与动物的根本不同，在于人有心灵而动物没有。动物因为没有心灵，或者其心灵仍很低级，与身体密不可分，所以动物的成长是自然而然的，当它身体长大时，“心灵”也就跟着长大了。但人不同，人的身体虽然也可以比较自然地长大，心灵的成长却必须通过教育。

我们抚养孩子，既要关心他身体的发育，又要关心他心灵的成长。我们不能只是供他吃喝玩乐，而忽视对他进行及时的文化教养。不然的话，当孩子长到七八岁乃至十几岁，虽然身体成形了，但心灵还极为蒙昧，他今后的学习将变得十分艰难。作为父母，一定要对孩子的教育有认真的思考，及早给他把定大方向。

◆ 不要过于宠孩子

没有规则就没有自由，作为父母，要给孩子一些大原则，让孩子明白哪些是必须遵守的，哪些是可以商量的。不管做任何事情都让孩子来选择，其实是一种“假民主”，不仅会被孩子拖得很苦，还会严重障碍孩子的成长。

彭衢杭参加杭州西湖国际马拉松赛后冠军给他签名

另外，家长们要知道，孩子在自己家里虽然可以是“小皇帝”，但到社会上就不是，社会不会像你在家中那样宠爱他。在家里太受宠的孩子，到社会上反而吃亏，因为他要经历漫长的痛苦历程才能意识到，他不过是芸芸众生中的一员，别人并不都是为了他而存在。

◆ 家庭要形成“统一战线”

父母以及爷爷奶奶、姥姥姥爷等主要家庭成员对孩子的教育观念要保持一致，如有矛盾，也应背着孩子解决。这个问题在今天相当普遍，父母双方就不太好统一，再加上老一辈的参与，有时会弄得很复杂。

孩子的教育最好由某一个人负全责，其他人只能提建议，不能一起下手，相互拉锯。家庭成员在孩子教育问题上分歧太大，会让孩子无所适从，备受折磨，最后变得消极任性，甚至小小年纪学会揣摩大人心思，投机取巧。

◆ 父亲和母亲应各司其职

在教育观念一致的基础上，父亲和母亲还应扮演不同的角色。一般来说，父亲代表着刚健、理性、威严的一面，母亲代表着阴柔、感性、慈爱的一面，相互配合，才是完整的教育。在今天，不少父亲因工作忙很少与孩子在一起，偶尔回家，在歉疚心理的支配下，不自觉地娇惯孩子，反而由母亲来对孩子大呼小叫。

其实，父亲虽然不常在家，也不必对孩子有歉疚心理，在孩子面前仍然要保持理性、威严的形象，这种理性、威严，也是孩子教育中不可缺少的，不然就会“阴盛阳衰”，难以培养出坚强大气的孩子。

◆ 让孩子读好书

古往今来，书籍浩如烟海，但真正有价值的并不多，大多数书并不值得一读。在学术失去统类、出版日趋泛滥的今天，为孩子选一本好书更不容易。如果以为学校课本就是最好的，或到书店随便选一本书就可以给孩子提供适宜、充足的文化营养，那就大错特错了。

◆ 让孩子远离电视

一定要把这一条作为一个雷打不动的原则确定下来，即使有所谓好节目，最好也不要看。种种事实表明，儿童看电视之弊远大于利，电视在今天已经成为摧残儿童的头号杀手。一个孩子，如果任由他看三年电视，其心智基本上就被摧毁，永远不能恢复正常。

◆让他远离网络、电子游戏

当孩子稍大，要让他远离网络、电子游戏，也不要给他买手机、MP3、MP4 等电子产品。多数家长并不知道孩子都在用这些东西干些什么！在今天，一台电脑、一部手机、一只 MP3 或 MP4 就足以把孩子毁掉。如果你觉得耸人听闻，不妨试试它们的所有功能。

◆玩具并不是越多越好

玩具并非越多越好，频繁地更换玩具会分散孩子的注意力，使他养成喜新厌旧的心理，而有些运用科技手段制作的玩具，设计精巧，操作简便（按一下电钮即可），往往只能给孩子一些肤浅的感官刺激。

其实，孩子玩具不需很多，也不必太复杂，最好简单、朴素一些，用原始的材料（如木块、泥）制成，父母应多引导孩子在玩法上下功夫。

◆ 不要让孩子吃“垃圾食品”

身体和心灵密不可分，对美味佳肴的执着会成为孩子的聪明障碍，所以孩子的饮食应在保证营养的前提下，以清淡为主。冷饮、汽水、方便面、肯德基等有害健康的“垃圾食品”，更当坚决摒弃。

提高身体素质，关心孩子体质教育刻不容缓

让孩子经常到户外进行锻炼，可以增强体质，提高抗病能力，促进智力的发育。让孩子赤手赤脚玩耍大有益处，动作千变万化，也会促使大脑各个不同部位快速做出相应的机能反应。

现在的青少年由于考试和升学压力，学习时间被无限制地延长，减少

了闲暇时间特别是体育锻炼时间。而居住环境的改善和交通的便利，又限制了孩子们的活动空间，减少了他们户外活动的时间。尤其现在处于网络时代，青少年的休闲方式发生改变，很多孩子养成了久坐不动的习惯。现在青少年体质健康中的一些突出问题，都与运动不足有关。中学生的体质究竟下降到了什么样的程度？先让我们看看这个例子。

去年，长春市朝阳区一所学校召开全校学生运动会，在跑百米决赛时，发生了令人不可思议的一幕。

一名高中二年级的男同学，跑完百米冲过终点的一瞬间，随即坐在了地上，怎么站也站不起来了。老师和同学马上跑过去查看，男同学说自己的胯骨疼。最终，老师将其送到了医院，经过检查后发现，男同学的胯骨在跑完百米以后突然骨折了。

为什么会出现这种情况呢？究其原因，就是现在中学生的体质已经下降到了不得不引起重视的地步了。调查显示，青少年的体质在不断下降，20年来，一直处于下降的趋势。这一结果，令人感到震惊！

但闻朝夕读书声，不见操场健身郎。对于很多学校而言，这是一个再常见不过的场景。排得满满的文化课，五花八门的特长班，犹如“赶场”般的生活，将孩子们本就少得可怜的体育锻炼时间轻易剥夺。

最近一次全国青少年体质健康调查显示，近10年来，我国青少年体质持续下滑。而一项针对我国中小学生的调查则表明，60%的学生没有养成体育锻炼的习惯，75%的学生认为体质不好是缺少锻炼造成的。逐年恶化的体质测试结果，居高不下的青少年肥胖率、近视率，无一不为我们敲响警钟。

《日本、中国下一代较量》一书中关于日本教育孩子的理念方式，让人感触颇深，其中之一就是要重视体质锻炼。在中国，你绝对看不到，也根本不会相信，在严寒的冬天里，家长或学校会让孩子光着上身，穿着短裤，在操场上跑步。可是在日本就有这样的幼儿园每天都以这种方式让孩子锻炼身体。

重视孩子的身体素质，是日本教育的一大特点。日本孩子从小就被灌输“不怕冷，多运动”的思想。无论冬夏体育课，一律要求孩子穿短T恤和短裤。有的孩子从小就被家长锻炼洗冷水浴，以此来锻炼孩子的体质和意志。

试想，在这样的教育下长大的孩子，他们的素质会如何呢？第二次世界大战后短短几十年，日本就从一个瘫痪、封闭、自然资源奇缺的国家一跃成为世界经济强国，仔细想想就不足为奇了。

经常听到有些家长说孩子体质差，看着孩子经常生病经常去医院，影响孩子的正常生活和学习，也影响自己的心情，但却常常束手无策，不知如何是好。这里给出相应的建议如下，以供家长们参考。

◆ 合理膳食

没有任何一种食物可以同时提供所有人体必需的营养素，所以要注意各类食物的合理搭配，让孩子吃多种多样的食物；按时节量，食有规律；避免暴饮暴食，少吃零食；不要强迫孩子进食；不挑食，不偏食；不过饥，不过饱。

不要怕孩子吃不饱，孩子尽量做到少食多餐。吃多了会积食，一上火就容易发烧感冒，这就是“没有内热就引不来外感”。尽量避免在进餐时批评教训孩子。

◆ 充足睡眠

高质量的睡眠能促进儿童身体、智力和心理的正常生长发育，是儿童健康成长的重要保证。

要让孩子保持充足的睡眠，尽量早睡，不要熬夜。父母更不要因为自己加班工作或者看正热播的电视剧而影响到孩子的睡眠。

◆ 适当锻炼

利用空气，水和阳光，让孩子经常到户外进行锻炼，不仅可以增强体质，还能提高抗病能力，促进智力的发育。其实，让孩子赤手赤脚玩耍也大有益处，动作千变万化，也会促使大脑各个不同部位快速做出相应的机能反应。

◆ 良好心理状态

保持乐观向上的心理状态，是增强机体免疫力的重要措施。外界的刺激过于强烈时，孩子的免疫力就会下降。为了减轻孩子的心理压力，就要保持养育环境相对稳定；家长不要当着孩子的面吵架。

如果父母能够做到以上几点，相信孩子体质差的问题不会再让你感到头疼，也不会再让你看着孩子生病而束手无策。提高孩子的身体素质关系到孩子的正常生长发育，为孩子一生的健康打好基础，父母应该予以充分的重视。

要想增加中考体育分数，就要推动素质教育前进

如果我们能改变中考科目，使考试内容体现素质教育的要求，那么在

指挥棒的作用下，我们的基础教育的方向自然会发生根本性改变，自然会向着我们期待的素质教育的方向发展。

一次，在和儿子交流中，他说好像有家长说中考表面上考体育，可实际上和没考差不多，因为绝大多数人不需要平时训练就能拿到满分，因此，他们不会让自己的孩子把课余、假期时间花在体育运动上，那太吃亏了。听到这件事，我便有了提这个建议的想法。

中考，对于基础教育有着无以比拟的指挥棒效应。我国素质教育喊了N年，可学生的素质却是一年不如一年，特别是身体素质，更是明显下降。看来其关键原因就是没有改变中考偏重考智育的现状。

如果我们能改变中考科目，使考试内容体现素质教育的要求，那么在指挥棒的作用下，我们的基础教育的方向自然会发生根本性改变，自然会向着我们期待的素质教育的方向发展。

那么，中考怎么体现素质教育的要求呢?

我认为，只要紧密结合素质教育的要求就可以。素质教育主要就是德体智的全面发展，就目前的现状，“德”的考试形式还有待探索和完善，也很难用考试的方式来考核。但是“体”的考试考核已经相对成熟，并且在实施了，也起到了一些效果。

据了解，每年杭州市中考体育的满分率很高，而多数学生要达到满分只要在中考前的个把月时间突击训练一下就OK了。就算部分学生拿不到满分，但差距也就几分，相比学业分数的差距简直是微乎其微。因此，从学校、家长、学生都不可能为了这么点差距，而把体育训练纳

彭衢杭和教练、队友合影

入到日常的学习和训练中，更不可能像其他主课一样认真对待了，完全成了应对中考的行为。

◆ 方案

现在，智育几乎占了100%，所有的教育都是围着智育开展，走入了只要学业考试好，其他不重要的怪圈。这种畸形的发展模式，只能培养出很多高智低能的"啃老族"。如果中考中，德体智三者能平分天下，那是最为理想的，也是对学生的成长最为有利的。

我认为，改革先从体育做起。中考的体育分数比重和其他科目齐平，且拉开高低分的距离，要想得高分得像其他科目一样靠平时的训练一点一滴地积累。那么从学校、家长到学生都会高度重视体育，投入相当的时间和精力在体育上，就能从根本上改变学生把所有时间都用在学业上的现状，让学生充分动起来。

身心健康是相辅相成的，体育不仅仅让学生身体动起来，他们的精神面貌、情感情绪也会随之动起来，从而使素质教育真正动起来。

◆ 做法

把现在的体育中考科目分数提高到和语数英并立，分值和它们相同。把体育考试的科目从小学开始学习的所有项目通过细分进行考试。设置不同体育考试项目的得分标准，以保证体育考试成绩公平、科学。每个项目要设置上限成绩，上限成绩要有一定的难度，达到拉开成绩差距。最后取各个项目的平均分为最后体育考试分数。

体育考试可安排在中考其他科目考试前的半年内，分多个考试时间进行。分散考试，学生不至于因过于疲劳而影响学业。体育考试场所，可以选择一些体育学校和体育设施好的学校，一定要保证考试的严肃性、科学性、准确性、公平性。

这样，既能鼓励学生加强日常的训练，又能有效避免平时只抓学业、中考前突击训练就能得满分的局面。

◆ 成效

将体育和其他科目的分值一样纳入中考，可以从根本上促进学生体育运动的全面开展，从而改变应试教育对学生身心健康不利的局面，使学生真正动起来，使素质教育真正落到实处。

学生为了中考体育取得好成绩，必须长期坚持有一定的训练时间的体育锻炼，这就会让学生养成运动的习惯。拥有健康的身体素质和心理素质，这将有利于学生一生的发展。

体育不仅仅是身体的锻炼，更是全身心的锤炼。体育锻炼能使学生养成坚持不懈、阳光活泼、循序渐进、不怕吃苦等良好品质，和书本学习考试对人的素质的培养形成互补，更加有利于学生全面素质的形成，有利于学生的长远发展。

彭衢杭在浙江安吉县天荒坪滑雪

如果这个改变全面实施，学生的身体素质一定能得到改善，学生的精神面貌、综合素质更会焕然一新。

这只是我个人的一些想法，还需要教育主管部门的探讨和研究。我们常说，现在的学生身体素质不行，我认为这个改变应该能起到很大的作用。如果相关部门能够重视起来，学生的身体素质必然会变得更好、提高得更快。

儿子为何会有这么多时间学习体育艺术方面的东西

在小学阶段学习固然重要，但身心健康更重要，因此，我儿子在学业上没有上过一天补习班。虽然对学业的影响不大，但从学分排名上还是会有影响的，可这种影响我认为是值得的。

孩子怎么会有这么多的时间来学习体育艺术方面的东西？是跟他的学习效率有关，还是跟他的兴趣有关，会影响其他科目的学习吗？很多家长都问过我这样的问题，我的回答是时间肯定会有，但看你会不会利用了，举个例子吧。

儿子学乒乓球时，如果我陪他一起去，我会骑自行车，让他轮滑去，这样利用来去的路上就把轮滑的耐力训练给完成了。而绝大多数的孩子一般都是坐在自行车后面被父母带着去的。

一般情况下，我和儿子都会提前30分钟到，开始让儿子自己练发球，或陪他打一会儿，等其他队员和教练到了，他已经练了30分钟了。技能就是熟练工，很多家长就算不迟到，如果对方是出租车司机，将孩子送到这里之后就做自己的事情去了；即使不回去的，也自己自顾自地嗑瓜子、看报纸、十字绣什么的。我却是围着教练转，听教练讲技术要领，看教练比画手型、版型怎么样做。

把这些烂熟于心，然后盯着儿子看，一发现没按教练要求做的及时纠正。等于儿子多了个一对一的编外教练，这样可能花同样的时间，儿子的效率却是其他队员的几倍，这样就可以把省下来的时间去学其他技能了，人家一周去一次，和他 3 周去一次效果差不多。这不就多出两周时间去学别的了吗？！

彭水明接受浙江教育台专访谈家长教育

加之儿子自己感兴趣的事肯定会用心去学。我一直认为，在小学阶段学习固然重要，但身心健康更重要，因此，他在学业上没有上过一天补习班。从老师的眼里认为对学业的影响不大，是个会读书的学生，但从学分排名上还是会有影响的，可这种影响我认为是值得的。

我儿子是怎样坚持下来并拿到奖项的

技能的好坏、高低是有评价标准的，这个标准就是要通过各种比赛来验证。只有通过各种比赛才能发现自己的优缺点，才能认识更多的有共同爱好的朋友。

我儿子算是非常有毅力的孩子，身边很多孩子学习这些的时候，都不能坚持下去，很多是三天打鱼，两天晒网，有人问我：你儿子是怎样坚持下来并拿到奖项？这是否跟您对他的教育方式有关系？

不可否认，学技能是很辛苦的，特别是体育技能。首先，我认为身心素质很重要，这是基础。其次，是不是强加的兴趣，很多孩子没弄明白是为了谁学，根本不是自己发自内心的喜欢和理解学与不学对他的好处和坏处，简单地归结于锻炼身体。

可是，锻炼身体是个很抽象的概念，走几步、跳两下都是锻炼身体，因此，他没有非要学好、非要吃苦的动力，家长应该告诉他这是一种技能。技能的好坏、高低是有评价标准的，这个标准就是要通过各种比赛来验证，而通过各种比赛才能发现自己的优缺点，才能认识更多的有共同爱好的朋友，而这种爱好不但锻炼了身体也结交了朋友。

很多家长在给孩子报名学芭蕾舞的时候都会说：学舞蹈这么辛苦，不知道孩子能不能坚持下来。其实这个问题很简单，只要家长自己能坚持送孩子来，孩子就能坚持下来！

◆ 激一激孩子

生活中，父母让孩子做一些他力所能及的家务活，可孩子却做了一会儿就不想做了，父母可以故意激激他，比如：对孩子说：“我不相信你能把地扫干净！”、“我不信你能把碗都洗干净！”等，孩子听后肯定会表示不服气，然后鼓起劲来做好原本该做好的事情。这种方法比劝说的效果更好，该注意的是，等孩子完成工作后，父母应及时鼓励他。

◆ 和孩子展开竞争

想让孩子把一件事情干好，最好的方法就是和孩子进行比赛，这样做不仅可以提高孩子做事的积极性，还能让孩子最大限度地体会胜利的喜悦。当然，孩子其实很难战胜父母，可是，为了培养孩子吃苦耐劳的精神，父母可以故意让着他点，并在干完事情后给予孩子表扬。

◆ 给孩子多些鼓励

有时，孩子在遇到难题时往往会懒得动脑筋。如果父母在边上督促他再仔细反复琢磨一会儿，并从中给予一定的启发，当孩子解决难题的时候，他便会享受到最大的满足和喜悦，久而久之，他就会养成钻研的习惯。

◆ 给孩子树立个榜样

为了培养孩子的毅力，不管做任何事情，父母都应体现出榜样的力量。这对孩子来说是种无形的有效教育。

◆ 通过故事积极引导

孩子一般都喜欢听故事，因此，父母可以经常有意识地给他讲一些古今中外的名人故事，让故事内容感染他。

其实，生活中，能培养孩子这种能力的事情还有很多，因此父母应在点点滴滴的事情上多注意，并摸索出一套适合自己孩子的方法。

让孩子体会劳动的意义

孩子从事劳动的时间与孩子的独立性有显著的关系，即劳动时间较长的孩子，其独立性就较强。对于小孩子来说，劳动能促进手脑并用，促进智力发育。动手，是孩子锻炼思维的体操。

人的免疫功能是伴随活动的加强而旺盛，伴随懒惰而衰减的。贪图安逸则活动甚少，四肢懈怠，这样，精力、体力就走下坡路，抗病能力自然随之下降。此外，懒惰还容易造成肥胖，还易造成高血脂、高血压、冠心病、动脉粥样硬化等病。

苏联的苏霍姆林斯基就说过：“劳动，不仅仅意味着实际能力和技巧，而且首先意味着智力的发展，意味着思维和语言的修养。”

虽然儿子只有 11 岁，但是做的小事也是数不胜数。最近做的一件小事让儿子记忆深刻、感触很深。到底是什么事对我儿子有如此大的触动呢?其实，也是一件很小的事。

儿子利用双休日去医院给外公送饭，看到岁数不算大的外公向前挪动一小步，都要在别人的帮助下进行，真可谓举步维艰。吃饭拿勺子比儿子刚学会用筷子的时候都不如，每吃一口饭就像举重运动员把杠铃举过头顶那么费劲。

看到外公如此辛苦，儿子就主动喂他吃饭，虽然只有二两饭，却一共花了 45 分钟才吃完。儿子还帮他洗脸、擦手，外公用口齿不清的声音说了“谢谢”。听了这句话，我很不是滋味。

彭衢杭参加浙江海宁轮滑世界杯马拉松赛

回来的路上，儿子和我说：“我现在终于明白让我从小锻炼身体的真实用意。我知道外公是不喜欢运动的人，更别说到楼下锻炼了，他现在得的病都和缺少运动有直接关系。妈妈说过，一生中有两次‘小孩子’，第一次是刚出生，第二次是晚年。第一次是不可避免的，但是第二次是可以改变的，可以通过锻炼推迟和缩短。看外公和太奶奶就是鲜活的例子。外公比太奶奶小很多，可太奶奶还能健步如飞地在农村串门。”爸爸不断地点头说：“儿子，看来你终于明白了你爸爸的良苦用心。”

彭衢杭假期在农村学割稻

回到家，儿子的心还是无法平静，这件小事一下子让他感觉长大了很多，也明白了很多，其实很多大道理都是从不起眼的小事悟出来的，只要你用心去观察和思考，就能明白一些看似复杂无比的大道理。

孩子从事劳动的时间与孩子的独立性有显著的关系，即：劳动时间较长的孩子，其独立性就较强。对孩子进行劳动教育，绝不仅仅指大孩子。对于小孩子来说，劳动能促进手脑并用，促进智力发育。动手，是孩子锻炼思维的体操。

对于小孩子来说，劳动可以使孩子的双手和大脑得到协调发展，可以使孩子的脑细胞得到更多的刺激，加快脑细胞的发育成长，促进孩子的智力发育。体力劳动，是通过手脚的活动来实现的。

让孩子进行劳动锻炼，学会干点活，就能减少他们对家长的依赖心理，促进孩子“自己能做的事自己做，不依赖别人帮助”的独立意识的形成，可以说，劳动对于培养孩子的独立意识、创造意识有着重要的意义。

教育孩子从小热爱劳动，就是为孩子的人生道路创造一个良好的开端。通过劳动教育，不仅可以培养孩子的生存技能，还可以锻炼他们的意志品质，为他们将来自立于社会打下基础。

年轻的父母们，如果希望孩子有一个聪明好学的头脑、自强不息的性格、健壮的体格，就千万不要剥夺孩子劳动的机会。爱孩子，就要让他学会劳动。在孩子小的时候，就引导他们进行简单的劳动，放手让他们去学习。

多劳动，让孩子成为劳动明星

对孩子进行劳动教育就是为了培养孩子做人的基本品质和基本能力，如果家长忽视了劳动教育，就是忽视了孩子学做人的最重要的内容和机会，害处很大。

教育，不但应当培养孩子对劳动的尊敬和热爱，它还必须培养孩子劳动的习惯。

对于劳动的重要性，苏联作家高尔基曾经说：“我们世界上最美好的东西，都是由劳动、由人的聪明的双手创造出来的。”家长对孩子进行劳动教育，让孩子认识到劳动的重要性和劳动的重要价值，给孩子提供劳动的机会，会对孩子以后的健康成长起到积极的作用。

有社会学家和心理学家经过长期追踪调查、共同研究后发现：热爱劳动的孩子与不热爱劳动的孩子在性格、爱好和人生、事业上存在很大差异，热爱劳动的孩子和不热爱劳动的孩子长大后失业率为1∶15，犯罪率为1∶10。

但是，许多父母在教育孩子的过程中养成了溺爱孩子的习惯，忽视了对孩子的劳动教育，孩子逐渐形成了好逸恶劳的坏习惯，甚至一部分孩子连生活都难以自理，更不要说长大后适应社会了。

多家媒体曾经报道过东方神童魏永康被中科院勒令退学的新闻：

这位神童两岁时就能认识1000多个汉字，4岁掌握初中文化，8岁上县属重点中学，13岁以优异的成绩考入湘潭大学，4年后又以总分第二的成绩考入中科院高能物理所，硕、博连读。令人意想不到的是，三年后，中科院以魏永康不能适应研究生学习为由，劝其退学。

事实上，魏永康在学习上的不适应只是一方面，更为不适应的是在生活自理方面。据悉，在魏永康大学4年学习期间，有3年是和妈妈生活在一起，即使到了第四年魏永康搬到了学生宿舍，妈妈仍然形影不离。大学3年期间，魏永康还像初中生一样，生活自理问题都由母亲一手包办，吃饭、穿衣、洗澡、洗脸、端碗等仍要靠母亲帮助。

我国现代著名教育家蔡元培先生曾说：“劳动是人生一桩最紧要的事情。”法国著名作家法朗士也说：“人类的劳动是唯一真正的财富。”所以，劳动对每个人都是很重要的一件事，孩子当然也不例外。

对孩子进行劳动教育就是为了培养孩子做人的基本品质和基本能力，如果家长忽视了劳动教育，就是忽视了孩子学做人的最重要的内容和机会，害处很大。一旦孩子成了懒人，想让他变勤劳就非常难了。因此，家长要从小培养孩子热爱劳动的习惯。

◆ 鼓励孩子主动劳动

彭衢杭参加杭州小记者植树活动接受采访

家长可以根据孩子的性别和年龄，让孩子分担一些力所能及的家务劳动。在给孩子分配家务活儿的时候，一定要考虑孩子的能力，交给他那些能够胜任的、可以愉快完成的事，或者是在家长的指导、帮助下可以顺利完成的家务活儿。原则是让孩子能够看到这项劳动的成果，并对劳动产生兴趣。

刚开始的时候，孩子可能因为适应性差而缺乏耐心，甚至半途而废，这时就需要家长的鼓励，让孩子坚持下去，在孩子逐渐掌握了劳动技能和劳动方法的时候，家长要及时给予夸奖和肯定。这样，孩子不仅能从劳动中体验到成就感和愉悦感，而且可以激起孩子劳动的信心和决心。

◆ 放手让孩子劳动

我们常常会看到这样的家长：当孩子对劳动产生兴趣时，家长却对其百般阻止，殊不知，家长对孩子的“不舍得”，在孩子眼中却是“不信任”的表现，这是对孩子劳动潜意识的扼杀，也是对孩子劳动积极性的打击。

所以，家长遇到这种情况时，一定不要拒绝孩子，应该抓住这个引导、教育孩子劳动的大好机会，不仅要耐心地手把手去教孩子，而且要告诉孩子劳动的正确方法和技巧，还要提醒孩子注意安全以及在劳动中保护自己。只有这样循循善诱，家长才能让孩子始终保持对劳动的热情，从而更好地培养孩子的劳动能力。

◆ 家长要以身作则

家长应该以身作则，不仅应该主动承担家务劳动，而且社区内如果开展义务劳动，家长也要积极响应、参加。另外，家长带孩子去奶奶、姥姥家时，要主动帮老人干活，最好让孩子也跟着一起干些力所能及的家务活儿。这样孩子看在眼里、记在心上，自然会增强劳动意识，提高劳动自觉性。

日后不用家长催促和监督，孩子就能自愿地承担起劳动义务。

◆ 不要担心孩子出错

孩子在劳动的过程中，难免会因为一时不慎出错，比如：洗碗时把碗摔了。面对这种状况，孩子难免惊慌失措，家长应先确保孩子的安全，询问和检查孩子是否受伤，然后再轻声安慰孩子，告诉孩子这都是在所难免的。

等孩子的情绪稳定下来后，家长要耐心指导孩子收拾残局，用扫帚将摔碎的碗清扫出去，以免扎伤家人。等孩子彻底冷静下来后再告诉孩子，以后刷碗时尽量把水开得小一点，根据碗的大小摆放好，等等。

幼儿时期正是孩子发展自理能力的阶段，如果发展得好，孩子的自主性会提高，有助于其建立自信的人格，所以这个阶段应尽量让孩子学习自己动手做，以免让孩子对自己的能力产生怀疑，在人格的发展上也会出现问题。

第六章 让孩子拥有大“爱”之心

学习知识很重要，品德身心培养更重要

一个孩子在道德方面存在问题，那他将来不但在事业上不会有很大的发展，而且在生活上也不会快乐。因为他们不会真心对待他人，也没有人会用真心对待他们。

食品安全是关系着人民群众的身体健康和生命安全、经济健康发展、国家安定和社会发展与稳定的重大问题。2008 年“三鹿事件”发生后，整个社会对食品安全问题日趋关注，正是在这样的背景下，中央把食品安全问题提到了前所未有的高度。

既然全社会和政府对食品安全问题如此重视，为什么食品安全问题还是层出不穷呢？绝大多数的人都认为，最关键的是法律意识不到位。其实，我认为，这些问题发生的主题就是人。从曝光的一些重大事件中可以发现，这些人明明知道违法却照做不误，明明知道食用对身体有害还照样上市，明明知道企业有问题却不去查处把法律当儿戏。

我认为，深层次的原因是这些人的道德观缺失。我们的国家和民族最需要的是具有高尚道德的懂法者。无论是以孔子为代表的儒家思想，还是以老子为代表的道家思想，无不以高尚的道德作为他们的至高境界。

“勿以善小而不为，勿以恶小而为之”，我们只有努力去做好应该做的事情，从我做起，从小事做起，学会尊重自己，尊重他人，懂得什么是正确的，什么是错误的，提高分辨是非、区分善恶的能力，才能有正确的

道德选择与正确的道德行为能力，也才有可能成为真正合格的公民。而这一切不仅仅是我们这些有行为能力的人要上的一课，更重要的是要从孩子呱呱坠地时就要抓起。

在生活中，我常常听到一些上了年纪的父母发出这样的感慨：“现在的孩子们真是越大越没有人情味了，小的时候，他们整天围在你身边打转，但等他们翅膀硬了，他们就会飞走，十天半个月都不会给你打个电话。”

从这些家长的感慨中，我能够听出伤心与无奈。儿女长大了，他们始终有一天会离开父母，开始自己的生活，但如果因为离开了父母就把父母的恩情也忘掉的话，那这个人就真的太没有人情味了。

大多数的孩子进入青春期后，这种冷漠、缺乏爱心的现象就会表现得特别明显：同学生病了，一些同学不但不关心，而且“敬”而远之，生怕被传染；下雨天，一些同学看到别人没带雨具在大雨中艰难地行走，他们不但不愿意与同学分享一把伞，还嘲笑同学是“落汤鸡”；某地遭受雪灾，大家都在关注事件的后续情况，都在尽自己的最大力量奉献爱心，但某些同学却漠不关心，一副“事不关己”的样子。

试想，一个对自己父母都如此漠不关心的孩子，他将如何与他人相处；一个不能与他人相处的孩子，他将来如何在社会上立足。孝敬父母、关爱他人属于道德问题，如果一个人对父母都漠不关心，举手之劳就可以帮助他人渡过难关但他们却迟迟不肯“出手”……这只能说明这个人存在很严重的道德问题。

对于孩子的发展而言，没有什么能比道德观更重要的了，这是孩子将来在社会上立足的基础和前提。所以，一个孩子在道德方面存在问题，那他将来不但在事业上不会有很大的发展，而且在生活上也不会快乐，因为他们不用真心对待他人，也没有人会用真心对待他们。

家长也许很奇怪，孩子小的时候，他们是非常善良、有爱心的，但

彭衢杭参加建兰中学军训

为什么到了青春期就突然变得这样冷漠、没有爱心了呢？怎么突然一下就沦落到道德败坏的地步了呢？其实，孩子的冷漠、自私，孩子出现道德问题并不是突然一下就产生的，这与家长的教育方式有很大的关系。

生活中，我们常常会听到家长这样教育自己的孩子：“在学校中，不关你的事情不要参与，免得惹麻烦。”“不要让别人欺负你，别人欺负你你就打他们，没事，有爸爸妈妈给你撑腰呢。”

在很多家长看来，只有教会孩子坚持“事不关己，高高挂起”、“从小不吃亏”的观念，孩子才能更好地保护自己。但家长这样做，却忽视了对孩子的道德教育。

如果孩子的道德意识很薄弱，就很容易侵犯他人的正当权利，甚至很容易触犯法律。所以，要想孩子顺利成长，家长一定要重视道德教育。因此，在孩子道德观念即将定型的青春期，家长一定要加大道德教育力度，从身边的小事做起，引导孩子树立正确的道德观。

给孩子们正常的成长过程

家长在配合学校老师抓好学业以外，更重要的是正确认识到：孩子的成长不只是学业，还有很多方面需要在成长过程中一并学习和掌握，特别是身体素质的训练。

最近，一些媒体称我为“杭州虎爸”，作为一个向来和一般家长格格不入，认为学习固然重要，但孩子的综合素质特别是身体素质更为重要的家长尤为感动。

儿子是个爱运动的儿子，从小在我的引领下就学了不少运动项目，其中能参加区级以上比赛拿名次的项目就有8个。有足球、速度轮滑、乒乓球、篮球、游泳、田径、帆船、围棋等，虽然比赛名次不算好，但却通过比赛积累了比赛经验、开阔了视野，结识了各个项目有着共同爱好的小朋友，我想这对他的成长和将来的工作和生活会有很大帮助。

众所周知，现在我们的经济条件好了，孩子的吃、穿、学无忧了，特别是城市里的孩子，可以说样样条件都比我们小时候好N倍，看上去现在的孩子是比我们小的时候聪明多了。如今的小学生可以做初中生的功课，初中生已经可以直接参加高考了，所谓的神童、天才媒体上屡屡曝光。可是，现在孩子的综合素质还真不敢恭维，特别是身体素质，搞个军训要猝死、排个队列要晕倒、爬个五楼要气急。

试想想，这样的身体素质，就算文化课学得再好，总不能我们将来都寄希望霍金式的人才承担起保卫祖国、建设家乡的责任吧？

因此，我认为，家长在配合学校老师抓好学业以外，更重要的是正确认识到：孩子的成长不只是学业，还有很多方面需要在成长过程中一并学习和掌握，特别是身体素质的训练。不要让我们的孩子长大后，都成了单一的弱不禁风的理论家。如果没有各种学业以外的知识和技能的积累，这样的理论家未必是社会需要的理论家。

彭衢杭参加建兰中学军训

我的孩子也许是同龄人中花在学业上时间最少的了，主要就是学校的正常上课时间，课余时间和休息假期主要是学业以外的各种知识和技能的学习和训练，或者参加一些社会活动。

我很清楚，在全民皆抓学业的今天，这肯定会影响他的学业排名，但我还是会坚持让自己的孩子体、德、智、美、劳全面发展。我情愿让孩子因学业上时间减少而失去一些进名校的机会，这样的牺牲我认为很值，因为他获得了更多孩子也许一辈子都无法弥补的综合能力学习和训练的机会。

坚持做一个另类的家长，做一个吃螃蟹者！看着孩子在训练场上的挥汗如雨，赛场上的龙腾虎跃，领奖台上的激动自豪，我为他们感到骄傲。

我明显发现，比赛前后孩子们一下子长大了很多。虽然真正能上场比赛的孩子不多，可这样的足球比赛，这样的足球运动，却有难以想象的号召力，难怪人们把足球喻为世界上最有魅力的运动。我想，这才是孩子们需要的成长过程。

今天我要为孩子们呼吁，让孩子们有时间参与运动，特别是足球运动，让我们一起努力还给孩子们正常的成长过程吧！

孩子之所以自私是家长教出来的

自私的孩子一般都过分关心自己，只注意自己的欢乐和幸福，很少考虑他人，一切以满足自己为主。家长在孩子心理发展的早期阶段，给予正确的教育和引导是必需的。

自私，这是当前独生子女中比较普遍的问题。出现这个问题，当然同孩子从小生活的家庭环境有关，没有兄弟姐妹，集父母的全部宠爱于一身。

但更重要的是缘于家长的教育方法不当，对孩子的过度关心、过度照顾、过度迁就，使孩子自觉不自觉地养成了娇生惯养，以自我为中心的习惯；只顾自己，不考虑他人，自私冷漠，做损害他人的事。

我相信，每一位家长都不希望自己的孩子长大后是一个自私自利的人！成才先成人，纠正孩子自私的习惯，是家长的责任和义务。家长要明白这些道理，在日常生活中要给孩子做一个好的引导。

很多家长为了表现自己对孩子的爱，经常会不经意地说这个是你吃的，那个是专门为你买的。就拿我们家儿子来说吧，刚开始他外婆总是会给他做一个菜，并且总爱加上一句，宝贝这是外婆为你做的，很好吃的。

一次，妻子夹了一筷子，儿子就理直气壮地说：“这是外婆为我做的。”言下之意就是只能他一个人吃，我一气之下就把那碗菜拿了过来。他朝我看看，我就问他：“凭什么这碗菜只能你吃？我认为，这碗菜最不该吃的是你。因为你是我们家唯一不会赚钱的，最该吃的是外公、外婆，因为他们辛苦了一辈子。然后是爸妈，我们赚钱养你，最后才是你。再说，如果我们吃不好，身体不好，谁来培养你长大呀？儿子，你说老爸说得对吗？你认为该怎么做？”

儿子听了我的话，主动说：“妈妈你吃吧，我不吃了。”我又告诉他：“你不吃也是不对的，现在你在长身体，外婆这么做也没错，但你应该说大家一起吃，要学会好东西大家分享。”从此，家里有什么吃的东西，儿子总会主动让我们一起吃，一个鱼泡泡还要和他妈妈分着吃。

有些父母往往为了不让自己的孩子在别人面前感到自卑，会一味地满足孩子，比如：别的孩子有的，看到自己孩子羡慕会主动说明天妈妈给你买个更好的、更大的；看到别人家的孩子父母有车子接送，自己买不起却说：他们有什么了不起，车子是单位的……这些父母总不愿意和孩子说真话，更不知道怎么去解决孩子面对的这些问题。

现在，学校放学门口车子接送已经是司空见惯了，我却骑个破自行车，但我不是为了去接他，而是去给他送轮滑鞋，因为他每天是轮滑去学校，到门口换鞋，然后我拿回来；放学，我再送去，换上滑回来。

有一次，我骑车跟在儿子后面，他老回头看。我开始以为他在看我，可我问他为何老回头看我，他说："才不是呢。"

这时，他一个校友坐着妈妈开的宝马车掠过，我终于明白了，他是在羡慕那个男孩，我就追上去，问："儿子，很羡慕他对吗？"

他说："是呀。"

如果我是儿子，我也羡慕。可是我说："我也羡慕，但我不羡慕他，我羡慕的是他的父母。因为，他父母小的时候肯定很努力读书和学本领了，你老爸小时候不够努力，所以就只能骑个破车子。但我认为，你那个校友应该羡慕你才对，你们学校有谁能滑轮滑来去学校，难道没学生羡慕你吗？"

儿子说："很多人说我太酷了，连小区很多大人也说我很厉害、很能干呢。"

我说："这是次要的，重要的是通过轮滑，你的身体也好了。那个同学那么胖，肯定身体好不了。"

儿子说："是呀，他经常生病挂盐水。"

"他肯定影响学习，成绩也受影响了吧？"

"是呀。"

"那他以后肯定更会羡慕你，因为你只要继续努力，将来肯定也

彭衢杭拍的野猪跳水获得杭州市比赛一等奖

能开新车，可他说不定只能开他老爸的旧车了。”

结果，儿子却说：“还是我的轮滑鞋好哦！”

自私，是儿童偏常人格中的一种不成熟行为。自私的孩子，一般都过分关心自己，只注意自己的欢乐和幸福，很少考虑他人，一切以满足自己为主。

被过多满足的孩子往往会把接受别人的给予当成习惯，就会认为一切都理所当然，也就心安理得地接受着别人的给予，但他们因为缺少付出的经验，因此不知道怎样为别人付出，也不会顾及别人的感受。因此，家长在孩子心理发展的早期阶段，给予正确的教育和引导是必需的。

◆ 主张但不强求孩子分享

家长在教育孩子时，主张分享是好的，但也不能强求。生活中常常会看到这样的现象，很多家长在看到孩子表现出不愿与别人分享的举动时，便开始担心，认为孩子自私、贪婪，这样反而会让孩子慢慢认同家长的评价，朝着那个方向发展。

其实，也许孩子不愿意与别人分享的玩具，在大人看来不算什么，但在孩子看来，这些玩具很可能像宝石一样珍贵。试想，大人会轻易把自己认为像宝石的东西拿出去与别人分享吗？因此，为了培养出大度、宽容的孩子，家长需要做的是在生活中一点一滴地引导，而不是乱给孩子贴上自私的标签，然后强求孩子去分享。

◆ 让孩子在爱中成长

一项研究显示，在缺乏爱的环境中成长起来的孩子，长大后更容易变得自私、冷漠、具有攻击性。

家庭里总交织着父母之间、孩子与父母、父母与老人的情感，当孩子怀着一颗纯真、敏感的心，毫无保留地接纳着这些情感，这些感情也将“润物细无声”地影响着孩子。如果孩子生长在和谐的家庭中，或者父母对生活及周遭的人事都表现出珍惜而积极的态度，那么孩子就会在无形中受到感染，珍惜所得到的爱，并以各种方式进行回报。

◆ 家长需言传身教

孩子从以自我为中心走向社会化，需要家长做出榜样。家长平时如何对待长辈、朋友，如何与陌生人交往，这些孩子都会看在眼里，并学习和模仿。因此，教育孩子不自私，父母首先要反观自己的行为。

在身教的同时，家长还要言传，对孩子的具体行为进行引导。比如：在受到别人的帮助和关爱时，要如何有礼貌地表示感谢；在给别人添麻烦时，要如何表示歉意等。家长还可以给孩子讲一些有关分享的故事，让孩子从故事中感受到分享的喜悦。

最美现象的思考

虽然我们都赞成对孩子进行见义勇为教育，但是更应该让孩子知道什么叫量力而为。只有我们的英雄全都安然无恙，且造就英雄的机会越来越少，这才是我们所期待的最美家庭、最美社会。

现在出现的最美现象，在我看来，一共有两种情况。

第一种情况：

最美人物为了救助别人奋不顾身，结果自己受到了伤害，甚至献出生命。比如：吴菊萍、吴斌、黄小荣等。经过媒体的传播，他们的事迹人人为之动容，为之感动，可感动之后更多的是担心，以致担心自己的孩子面对这种特发事件去冒险救别人。

现在大多数家庭都是一个孩子，说心里话没有一个人不会心存自私。因此，也许这样的最美现象更多只是被赞扬，不会有家长让自己孩子去模仿。

第二种情况：

最美人物为了救助别人也奋不顾身，结果是既救了别人，自己又完好无损。可这种最美往往我们的媒体一笔带过，很少大张旗鼓地去宣扬。

我认为，第二种情况更值得去宣扬，因为他肯定有很多值得去学习的自我保护和救助别人的能力，而这种能力越多的人学会，相对出现危险事件的概率就越低；面对这种危险发生去参与救助的人受到伤害的概率也越低，这样才是真正的良性循环。可事实是，这样的案例很少被关注，这样的人也很少成为英雄。成为英雄的大多是受到伤害或丢了性命的，我倒觉得这样的英雄还是少点为好。

我告诉儿子，第一种情况的这些叔叔、阿姨很伟大，我们应该学习他们这种品德高尚的精神。但我更希望你成为第二种情况的那些叔叔、阿姨。要成为那样的人，从小就要开始学习各种保护自己避免发生危险的能力，这样在你身上就会少出现这样的危险事件，也就避免了叔叔、阿姨为了救你而受到伤害，你遇到别人发生危险事件也能有能力保护好自己的同时去救助别人，这才是真正的大英雄。

媒体在关注这些英雄人物事迹的同时，更应该关注如何避免这些造就英雄的事件发生的原因，从而找到避免这些事件发生的办法，把这些好的办法在学校、家庭中作为孩子成长教育的重要课程，让孩子从小就学会避免各种危险发生的能力和救助能力，以致不再发生这样的悲剧事件，不要老出现这样的事件、这样的英雄。这才会有真正的和睦家庭、和谐社会。

新加坡对于见义勇为是这样规定的，大体意思有如下几点：一是在别人遇到危险时，如果有施救能力没有出手，将在诚信体系里降级；二是少年儿童、体弱老人在遇到别人危机的时刻，要选择最适宜的营救办法，简单施救或向就近人员、有关组织求援；三是相关组织要加强自救和他救知识普及。

在我们国家，我们听到的和看到的就是见义勇为的高大形象。曾经在一个地方的报纸上看到过一则《5 岁儿童勇救 9 岁落水儿童》的报道，说是 9 岁儿童被救了，5 岁儿童牺牲了，最后还被追认为革命烈士。还有儿童智斗劫匪、儿童勇擒小偷等类型的报道见诸各地媒体。

在这里，我们暂且不说这些事情的可信度，就当它是真的，我想知道一个几岁的没有救人能力的孩子怎么来的救人勇气，答案只有一个，是学校的教育和社会的氛围。

我绝不反对从小就对孩子进行见义勇为教育和灌输，但是更应该让孩子们知道什么叫量力而为。只有我们的英雄全都安然无恙，且造就英雄的机会越来越少。这才是我们所期待的最美家庭、最美社会。这就是我所理解的最美现象。

彭衢杭参加杭州市中小学生足球比赛

找回"寸草心"，回报"三春晖"——对孩子进行感恩教育

家长要让孩子明白这一点，面对困难要勇敢接受；身处逆境，要自强不息；图谋大作，要善始善终；春风得意，要戒骄戒躁。

前不久，在公交车上看到这样令人揪心的一幕：

一位大约十五六岁的女孩因为母亲没有答应给她买衣服，就和母亲在公交车上发生了争执。随后，竟揪住母亲的衣领，对母亲大打出手，乘客劝阻也被破口大骂。

我们不禁要问：现在的孩子怎么了？

我国自古就有"受人滴水之恩，当涌泉相报"、"喝水不忘挖井人"、"知恩图报"等传统美德。但观察一下我们周围的校园：挥霍父母的血汗钱用来玩乐的学生不在少数，对老师辛勤教育、同学之间的帮助显得那么寡情薄义的也有不少。

他们严重缺乏报恩意识，只求受惠、不知感恩；只求索取、不知奉献；只求权利、不知责任。只希望别人爱自己，而想不到、也不会爱别人。所以很多教育工作者都焦虑地感叹：现在的孩子知识很丰富，但缺乏感动之心，缺乏体谅之情。

◆ 孩子感恩意识淡薄之根源

● 家庭环境

现在的孩子大部分都是独生子，是父母的"掌上明珠"，抱着"再穷不能穷孩子"的传统观念，很多家长都会想尽办法为孩子创造养尊处优的条件，提供众星捧月的生活氛围。父母最大的希望就是孩子学习成绩优异，只要孩子学习成绩好就能"一俊遮百丑"。

因此，父母对孩子的关爱更多地停留在物质层面，很少涉及精神领域。尤其是缺少对孩子的感恩意识的培养和教育，导致更多的孩子变得冲动、任性、缺乏自制力，养成唯我独尊、骄横任性的习惯。

● 学校环境

多年来，学业教学质量成了学校唯一的既定目标。教师在评价学生的过程中，往往都是以抽考竞赛、排名次、升学率为标尺。在这一价值取向下，育人变得更加微不足道，学生几乎进入了情感疏导的盲区。

学生被培养成了高分低能的"考试机器"，他们自私自利、没有责任心、没有爱心、唯利是图，哪还有感恩之心？

● 社会环境

现在的社会功利性太重了，人与人之间好像都处于利用与被利用的关系。奉献社会的人得不到应有的尊重和报答。

前不久，我在网上看到一篇题为《他们为何忘掉恩人》的报道：

沈阳沈河区 84 岁王儒臣老人，13 年来先后资助了 40 名贫困生帮助他们完成了学业，如今他双目失明，卧病在床却从未收到受其恩惠而完成学业的大学生来信，更别说来探望了。

我想这肯定不是个案，在我们的周围还有许许多多类似的事件。这种事件一旦增多，就会给涉世未深的学生带来很多负面效应。许多学生也在自觉不自觉中经常以家庭条件作为结交朋友的标准。因此，不仅要在学校德育中开展感恩教育，全社会也应掀起感恩教育的热潮。

◆ 孩子感恩教育的实施措施

要优化家庭育人环境，家庭教育、学校教育、社会教育构成了教育的整体，家庭教育是德育的重要渠道之一，要使家庭教育真正发挥它的应有教育效能。

● 转变家长育人理念

一些家长受片面的人才观影响，仍把追求孩子考试得高分摆在家庭教育的首位，他们对素质教育认识严重偏颇，一味强调学习第一，而忽略或不大重视同样影响学生一生的感恩教育得从小培养。所以，我们要充分利用家长学校、家长委员会等平台，接受"育人德为先""做事先做人""学会感恩"等德育理念。

● 鼓励家长言传身教

记得中央电视台少儿频道有这样一则广告：

下班后，妈妈回到家，便拿起故事书给儿子讲故事。一会儿妈妈“神秘”地走了。好奇的儿子尾随妈妈走了出来，看见妈妈正在给躺在轮椅上的姥姥洗脚，一边洗一边还说：“妈，烫脚对您有好处。”

过了一会儿，母亲忙完事后，回到房里，儿子却不见了。此时，儿子端着水盆晃晃悠悠地从卫生间走了出来。母亲非常意外，懂事的儿子说：“妈妈您洗脚！”

最后，广告上还出现了这样的一句话：父母是孩子最好的老师。

的确，家长与孩子是朝夕相处的，很多时候家长是孩子直接模仿的对象。因此，作为家长，我们应该明白这一点。在生活中，与孩子间的关系要相互尊重、相互体贴。既要共同承担家庭的责任和义务，又要共同分享家庭的利益，相互间要多用“谢谢”、“对不起”等言语。

人生的杠杆是精神，精神的支点是感恩！只要有了感恩的思想，人才能焕发出无穷的力量。因此，我们应该让感恩教育走进孩子的生活里，让每一个孩子都胸怀感恩之心，拥有幸福的人生。

彭衢杭参加上城区教育学院附小贸易节

让孩子“爱”上农村的劳累与快乐

带孩子到农村看看，不仅可以领略农村大自然的美景，呼吸野外的新鲜空气，而且对孩子的身心健康非常有利。

春节前一天，我们到了衢州老家，一回家就发现关着门，那是因为岳父岳母都出去干活了。

第二天，儿子早早地起了床，雾很大，竹叶上都是水，只要摇一摇竹子就会有水掉下来。“咦！可以挖冬笋呢。”儿子拿着锄头不停地挖着，他挖呀挖发现一个刚刚探出头的小笋。

其实，儿子本不忍心把“她”挖出来的，可是为了证明自己能挖到冬笋只好牺牲“她”了。不过，儿子挖了好长时间也没挖到大笋。妻子眯着眼睛对他说：“你不懂如何挖肯定挖不到的了，冬笋

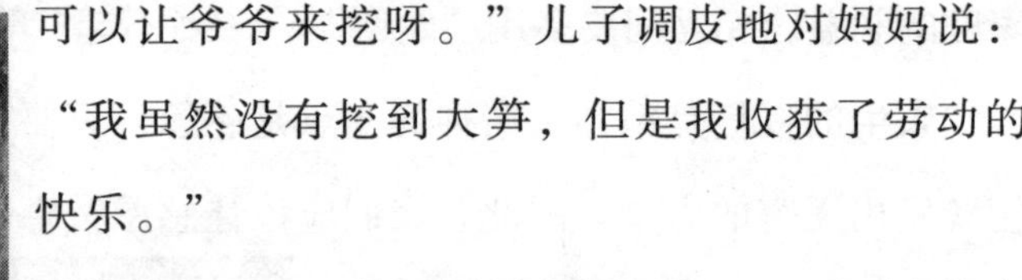

可以让爷爷来挖呀。”儿子调皮地对妈妈说：“我虽然没有挖到大笋，但是我收获了劳动的快乐。”

彭衢杭假期农村割稻

第三天，由于岳父岳母家上山的斜坡台阶磨平了，上山很容易摔跤，儿子决定重新开挖台阶，因此，我们一家人组成了超级小队，开工挖台阶和排水沟。一开始，妻子也想试一试，可是她的水平太差了，只好充当摄影师。

我拿大锄头，儿子拿小锄头或铲子，大家分工明确、协调一致，像愚公移山一样把土运到别处，干得是热火朝天，一步两步整齐的台阶渐渐地出现在斜坡上。看到马上就要大功告成了，岳母开心地说："我再也不用胆战心惊地上下这个斜坡了。"

随着我们的努力，台阶完成了。为了不让雨水把台阶给冲刷坏了，儿子和妹妹又在台阶边上挖了条排水沟。这样，以后岳父岳母上山就可以从容自如，不用再担心滑倒了。

儿子利用春节这几天还替爷爷、奶奶切猪草、削毛竹、烧火等，虽然这不是什么惊天动地的大事情，但却体会到了劳动带来的快乐，也学到了不少农村生产技能。我希望更多城市里的人们多去农村感受一下农民伯伯的劳累与快乐。

带孩子到农村看看，不仅可以领略农村大自然的美景，呼吸野外的新鲜空气，而且对孩子的身心健康非常有利。特别是到一些山清水秀的农村转转，别有一番情趣。同时，还可以让孩子进一步看到改革开放以来，农村发生的翻天覆地的变化。

带孩子到农村看看可以使孩子增长一些知识。现在的城市儿童见的是高楼大厦，走的是柏油马路，睡的是沙发床，坐的是公共汽车，对于农村的一些生活、习惯，只能在书本里看到，没有亲身体验过。到农村看看，就会知道玉米是怎样长出来的，了解韭菜与麦苗的区别。同时，还可以让他们体验农民伯伯种田的辛苦，明白粮食来之不易，从而更加珍惜粮食，节约粮食，还进一步加深了同农民的感情。

带孩子到农村看看，可以激发孩子回城学习的热情。现在，有的农村孩子学习条件比较差，生活条件也很艰苦；有些农村孩子上学得走很远的路，放学还要帮父母干农活。这样一比较，城里孩子就会感到满足，更加激起学习的热情和干劲。

由此看来，暑假带孩子到农村看看十分有好处。家长们在安排孩子暑假生活时，别忘了带孩子到农村看看。

不乱丢垃圾，保护家园从我做起

现在很多学生每天都会喝牛奶，牛奶盒是砍伐很多大树加工而成的，大树是美好环境最为重要的保护神之一，为了环境保护神，就从每天回收自己喝完牛奶的牛奶盒开始行动起来。

走在大街上，我们随时随地都能够看见乱扔的垃圾。试想一下，如果人人都乱丢垃圾，那么我们所生活的地方是否就像垃圾堆一样呢？所以说，从小培养孩子不丢垃圾的习惯很重要！

800 万年前，地球上出现了人类这种自以为是的高级动物以后，这绿色的星球从远古人的钻木取火，原始部落的形成，诸侯国之间的争权夺利，最终蒸汽机的轰鸣声打破了绿色星球的平静。

工业革命改变了人类几万年以来的生存方式，推动了经济的快速发展，却破坏了我们赖以生存的美好环境。昔日优美的绿色星球——地球，已经被人类破坏得面目全非，污水横溢、废气飘扬。

虽然我们意识到了问题的严重性，政府部门加强了管理，可这更需要孩子们从自我做起，从身边力所能及的小事做起。现在，很多学生每天都会喝牛奶，牛奶盒是砍伐很多大树加工而成的，而大树却是我们美好环境最为重要的保护神之一，为了我们的环境保护神，我们就从每天回收自己喝完牛奶的牛奶盒开始行动起来。

儿子所在的学校为了响应这个利国利民的活动，在原来的大队部管理废品回收公司日常工作开展的同时，把牛奶盒回收作为重点工作。儿子以为，每天的牛奶盒吃完都是作为垃圾处理掉的，因为外婆说牛奶盒不及时处理要长虫子的。

自从这个活动开始后，儿子为了避免牛奶盒放久没处理长虫子，每次喝完牛奶就把牛奶盒拿到阳台上晒干，然后压扁放在家里指定的可回收物品储存点。

在外面，看到其他小朋友喝完牛奶牛奶盒被丢弃时，还主动把自己的方法和为何要回收牛奶盒的好处告诉他们。因为这个活动，现在我们家任何一件要处理的物品，他都会问一下这是不是可以回收再利用呢！

我知道，虽然儿子一个人所做的从表面上看起不到什么决定性的作用，可我想如果我们所有人都一起参与进来，那样的力量肯定能改变一切。

不乱拔小草，让孩子爱护植物

在春游时，家长可以告诉孩子：各种花草树木一直是我们人类的好朋友，它们给人类许许多多的帮助，人类的生活离不开它们，所以要像对待好朋友一样爱护花草树木。

曾经看到过这样一则故事：

一个游客带着一个小孩，在公园里玩。小孩不懂事，去拔公园园林管理员刚种植的花草。管理员就吆喝了几声，叫小孩不要乱拔花草。

游客作为小孩的监护人急忙为小孩申辩：“他还是小孩，不懂事，不要这样叫喊，拔一点花草有啥不得了嘛！”好像孩子还小，拔点花草算不了啥。而且嘴里念念叨叨，一直说个不停，非要为小孩打抱不平。

园林管理员说“小孩不懂事，你大人该懂事吧，跟在身边也不说一下。”游客根本不理会，还是一个劲地说：“小孩还小，拔点花草没啥了不起的，不要这么凶嘛。”

园林管理员说：“你这人真怪，不说一下自己的小孩，反而护着他，有你这样教育下一代的吗？”

游客还是一个劲地说：“他是小孩，不懂事，拔点花草有个啥大不了的嘛。”

园林管理员急了，就说：“你再不管就罚款！”

想不到，这位游客居然这样回答园林管理员：“你罚款也罚不到多少钱。”言外之意就是，这点钱我给得起，你罚款我不怕。

这样的家长真是丢人！这样的素质，怎能教育好下一代？下一代身处的环境直接影响着他们的成长，为了我们的下一代，营造和谐积极向上的良好环境，是我们共同的责任。作为下一代的监护人，家长一定要以身作则，作出表率来。

彭衢杭参加浙江台少儿频道小记者护绿活动和大记者合影

2013年3月11日上午，我带着儿子从复兴大桥出发，8:10准时赶到杭州植物园，参加浙江电视台少儿频道组织的“种在春天里”大型亲子护绿公益活动。

浙江少儿频道的主持人芒果哥哥、橙子、桔子姐姐以及主要采编队伍全来到了现场，还有50位小朋友带着家长来到现场，多数是杭州的，也有从衢州和宁波等地远道而来的，他们来到这里只有一个心愿，那就是通过自己的实际行动，让我们的天更蓝、水更绿，让我们的环境更优美。

这次活动我们分成了5个小组，儿子为绿组队长参加了种植向日葵、克隆常青藤、踏青认植物、动手画春天四个有意义的环节，更好地了解了人和植物息息相关、相互依存的关系。

通过这次活动，儿子更坚定了要种好、管好植物的重要性，只要每个人都参与到种植和保护好植物的实践中，我们的生存环境才能更好，我们才能有和谐、快乐、幸福的生活家园。

爱护花草树木是我们每个人的责任，在春暖花开季节，家长可以带孩子去公园或郊外春游。在春游时，家长可以告诉孩子：各种花草树木一直是我们人类的好朋友；它们给人类许许多多的帮助，人类的生活离不开它们，所以要像对待好朋友一样爱护花草树木。

家长还可以联系生活实际，让孩子试着列举花草树木的好处。例如，花草树木使我们的城市更美丽；它能吸进人类不需要的废气二氧化碳，释放出新鲜氧气，使空气变得干净，人们生活得更健康；树木手拉手，小草根连根，它们连成绿色的墙，可防止风沙侵袭和泥土流失；木材可以造房子、做家具；在夏天，树荫还能让人们避暑等。

家长还要教给孩子爱护花草树木的方法，例如：不踩树苗、草坪，不采花朵，不在树枝上挂重物，不在树干上刻画字，每年给树干涂石灰水，不让虫子咬，还要给它们穿一件新“棉袄”(用稻草保暖)，还可以指导孩子自己培育花草。

关爱残疾人，让孩子体会“大爱”

关爱残疾人要从身边的小事做起。平时我们正常人的生活，干一件事很容易，但他们干起来却困难得多。如果生活中遇上残疾人，我们要尽我们的力量来帮助他们。

由于几次中风，现在岳父生活不能自理，还不如一般的残疾人。

我和妻子商量，想给他找一个保姆，或者让岳父去老年关怀医院，这样岳母可以轻松一些。可是，岳母一口回绝了。回绝的理由更是出乎意料，不是因为心疼钱，而是认为：外人照顾岳父肯定不够细致，她不放心。

其实，岳母自己身体也不好，对她来说，每天吃药比吃饭还重要呢！我和妻子犟不过岳母，只好同意让她自己照顾了。

岳父由于身体不好，原本很温和的脾气变得很暴躁。他还有一个自己也弄不明白的坏习惯，没几分钟就要上厕所，可到了厕所却啥也拉不出来。每次都得岳母费九牛二虎之力才能把他搀扶到厕所。特别是夜里，岳母几乎很少有机会睡个安稳觉，可想而知岳母多么辛苦。有时我和妻子看不过去了想去帮一下，岳母还是那句老话：“我来，我来。”

我和妻子担心，岳母这样下去自己也累垮了，就动员了家里亲戚一起劝说岳母。岳母总算同意找一个保姆，可还是不放心，要自己做，弄得保姆不知所措。

有时，儿子也会主动去帮一下外公，岳母却说：“你太小，不行。”其实，岳母有时还不如孙子呢！这可不是我不敬重岳母，那是因为岳母真的老了，加上身体也不好。

彭衢杭在建兰中学和同学谈自己的理想

有一天，儿子问我："老爸，外婆为何要自己那么辛苦照顾外公？"我说："这就是夫妻之间的爱，将来你长大了就会明白的。"

其实，岳母不仅对岳父的爱无微不至，在我眼里她对待家人同样付出真诚的爱，她心里想得最多的就是家人，这在我看来就是一种大爱。

爱是一个永恒的主题，世界不能没有爱！培养和发展孩子的同情心、爱心是家庭教育的一项重要内容。现代生活中，孩子大多是独生子女，他们从小得到家庭、社会关爱多、照顾多，而关心他人、帮助他人的意识比较淡薄，有的孩子甚至嘲笑残疾人、歧视残疾人、讨厌残疾人，甚至看见残疾人直呼他们瞎子、聋子，因此引导孩子正确对待残疾人，让孩子学会关心、爱护残疾人是迫在眉睫的事。

爱心是人类特有的、最伟大的情感，是造就健全人格所需要的关键因素。爱是一种发自内心的温柔、亲切的感觉，是深深地理解和接受。让孩子在体验中萌发爱心，就是要让孩子感受到别人对自己的关心和爱护，体验到关爱别人给自己带来的快乐。

关爱残疾人，人人有责，关爱残疾人就要从身边的小事做起，关爱残疾人要多为他们着想。对于我们正常人来说，干一件事很容易，但他们干起来却困难得多。如果生活中遇到了残疾人，就要鼓励孩子尽自己的力量去帮助他们。

作为一名正常人，感受不到他们的痛苦和不便，我们应该怎样帮助他们呢？比如：在马路上遇见盲人，可以鼓励孩子去搀扶他过马路；在车上遇见残疾人，鼓励孩子主动给他让一个座位；如果邻居是残疾人，可以让孩子多去陪陪他，关心他。

关爱残疾人是全社会的责任，要让孩子从身边做起，从小事做起，从一点一滴做起。

尊师重道，永记心间

在孩子成长的道路上，老师的影响是巨大的，有时甚至起着决定性的作用。培养孩子尊敬老师，是家庭教育中不可忽视的一项重要内容。

有一段时间，中国政法大学教授杨帆与学生的冲突引发的争议被各媒体传播得沸沸扬扬。面对争议的核心，不少人发出疑问：学生课堂不尊重老师的现象为何频频发生？作为家长怎样教育孩子学会尊重他人？

据媒体报道：

2008年1月4日，中国政法大学某门课程本学期最后一门课，不少学生来到教室交了论文就离开教室，没有留下来听课。杨帆老师发现上课人数太少，突然决定点名考勤，并表示没有到的学生将全部"挂科"，并随之把门锁上阻止学生进教室。

学生闻讯赶来，几分钟后就聚集在了门外。又过了一段时间，门外突然响起重重的踢门声。教室里一位女生背起书包从后面走向门口，杨教授问："别走，没讲完呢，你干什么呀？"可是女生很不以为然地说："你不觉得自己讲这些很无聊吗？"

于是，这段被称为“大学教授课堂发飙”的事件被拍成视频发到网上，是学生不尊重老师还是老师不尊重学生引发质疑。

大学课堂学生开溜已不是什么新闻。学生不尊重老师岂止在大学校园，中学生课堂骂老师也不鲜见。其实，任何事情的出现都不是无缘无故的。孩子的道德心不是天上掉下来的，他不尊重别人，可能是他没有学会尊重，他可能也没有体验过被尊重，这不正是家庭教育的缺陷吗？！

目前，很多家庭对孩子教育方式的不正确乃至缺失，才导致现在的孩子目无尊长。孩子出现问题首先要归因于家长，是家庭教育的错误和失败导致孩子带着问题进入学校和社会，从而让学校和社会的教育工作变得更加棘手。

在孩子成长的道路上，老师的影响是巨大的，有时甚至起着决定性的作用。人们赞誉老师是“手执金钥匙的人”，因为他们可以打开孩子心灵中智慧的大门。培养孩子尊敬老师，是家庭教育中不可忽视的一项内容。应该让孩子懂得，尊师是我国的优良传统。老师的工作是崇高的，老师的责任是重大的，老师的影响是深远的，他们应当受到全社会，特别是学生的尊敬和爱戴。

◆ 孩子应该怎样尊敬老师

首先，应该自觉接受老师的教育和管理。上课专心听讲，认真完成作业，负责地订正作业和试卷中的错处，遵守学校各项纪律，有了缺点虚心接受老师的批评。

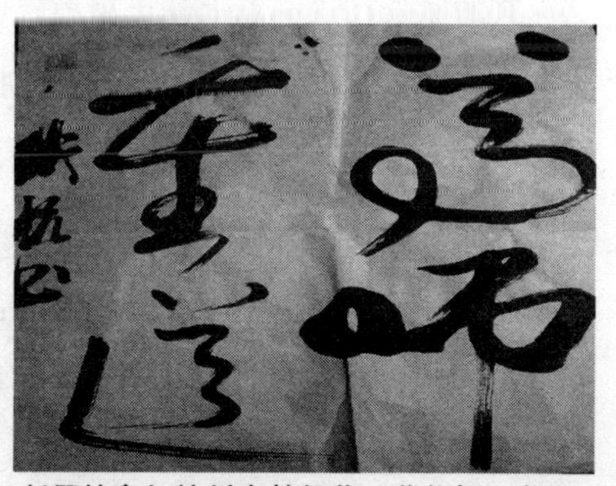

彭衢杭参加杭州市教师节“尊师杯”书法比赛所写的字

其次，应该协助老师开展工作，

正确对待老师工作中的缺点。老师分配给自己的工作，要热心去做，愿意帮助后进同学；对老师工作中的缺点，能够及时诚恳地当面提出。

最后，对老师要有礼貌。见了老师要行礼问好，说话要注意态度语气，课上发言先举手取得老师的同意，交给老师的作业字迹要工整，老师家访时要热情接待。

◆ 父母怎样教育孩子尊敬老师

对老师的尊敬，有利于孩子听老师的话，更快地进步。家长教育孩子尊敬老师，不仅是对学校工作的支持，更是对自己孩子的关心。

首先，要告诉孩子老师是他们最可亲最可敬的朋友。

孩子刚刚接触老师时，隐隐约约地有些畏惧心理。这时，父母可以经常对孩子谈谈自己小时候是怎样听老师的话，老师是怎样亲切耐心地帮助自己的。

当孩子提出一些疑难问题的时候，父母可以告诉他们：“关于这些，老师知道得很多，会比爸爸妈妈更好地讲给你听。”这样，当孩子发现老师是最可亲近的朋友时，他们的畏惧心理就会逐渐消失。

有的家长在这一点上缺乏思考。他们将老师当做“镇物”，动辄就用老师来吓唬孩子：“哼！明天，我就找你们老师去，让老师好好教训教训你！”这样做，只能使孩子对老师产生坏的印象，害怕老师，甚至厌恶上学。

其次，做到家庭教育与学校教育协调一致。

家长要主动与老师“互通情报”：孩子在校内的缺点，家长应欢迎老师指出，并督促孩子尽快改正；孩子在校外的毛病，家长应及时向老师反映，“护短”“遮羞”的做法是不合适的。在教育孩子的步骤方法上，家长可以征求老师的指导和建议。

最后，正确对待老师工作中的失误。

有时，孩子会和同学在背后议论对老师的意见，这有可能是老师的工作确有缺点，也可能是孩子们的看法偏颇了。家长应该劝止孩子们在背后议论，并鼓励他们与老师当面交谈。家长对老师的工作有看法时，更不要当着孩子说长论短，而应该诚恳地与老师交换意见。

大手拉小手，友谊在心中

当孩子无私地帮助同学的时候，心中是自豪的、宽容的。当他全身心投入的时候，无形之中增强了自己的自信心，对于下一步的学习，就会更加充满热情和活力。

为了实现上城区教育学院附属小学高、低年级同学之间良好互动，达到大帮小、小学大、大带小、小促大的目的，儿子班级和一个班级结成友好班级，开展了班级同学结对子的活动。

他们原则规定，每个高年级学生结对一名低年级的学生，为低年级学生做一些力所能及的事，如：教会他们管理班级、学习技巧、锻炼身体、做眼保健操、为人处世等，经常关注他们的学习和生活。

儿子所在班级利用周五的综合实践活动时间，把一年（3）班的学弟学妹们接到自己的教室，介绍班级的特色，展示他们的作业。还一起来到操场活动，进行了一对一的结对，各自互相自我介绍，相互了解，初步了解了对方的爱好特长。

高年级的同学向低年级同学介绍了自己在学习习惯、行为习惯等方面的成功经验；低年级的同学也说了自己在这方面的一些体会和想法，表示以后要向高年级的学哥学姐多学习多请教，没几分钟他们之间就成了好朋友，每个人都是有说有笑，气氛非常融洽。

儿子的对子是一对双胞胎女孩，虽然她们不在一个班，但儿子表示，会尽量去关注她们的方方面面，真正启动一个学哥该做的，让她们从他这里学到有用的知识和本领。

帮助别人就是帮助自己，在孩子的学习问题上，这句话具有深刻的含义。

首先，当孩子主动地帮助别的同学的时候，他的大脑处于学习的最佳境界，因为，他一定会努力像老师那样高明地思考问题。我们通常说“要教给别人一杯，自己得先有一桶”。为了能帮助同学，孩子在心理上就会对自己提出更高的要求，这样一努力，对于知识的掌握和理解就会有一种“会当凌绝顶”的感觉，很容易就超出自己原来的水平。

其次，当孩子无私地帮助同学的时候，心中是自豪的、宽容的，当他全身心投入的时候，无形之中增强了自己的自信心，对于下一步的学习，就会更加充满热情和活力，因为他学习的价值在帮助别人的时候得到了充分的展现。

最后，当孩子乐于帮助别的同学的时候，对于竞争和合作就会有更加准确的理解，他甚至会认为，竞争实质上就是一种合作。在这样的状况下，对于在班级、学校中的学习就会有更高层次上的主动性和积极性，学习起来，就更加从容、豁达和有效。

帮助别人就是帮助自己，要鼓励孩子主动帮助同学。

彭衢杭参加上教院附小大手拉小手活动

第七章

教给孩子安全知识，成就孩子完整人生

学会安全技能是关键

危险伴随着每个人的一生，是否安全和自己规避安全隐患的技能是成正比的，只有技能学好了才是相对安全的。父母要教会孩子各种应对危险的能力，只有这样才是一劳永逸的安全。

生活中，家长对孩子的照顾是无微不至的，为了防止孩子受到伤害，他们常常采取很多保护措施，然而，孩子的好奇心和成长的欲望驱使着他们对周围世界不断探索，因此，绝对安全的环境是不存在的，如果仅仅采取被动的措施一味回避，只会让人感到防不胜防。

有些家长甚至代劳本该孩子做的事，严格限制孩子的各种活动，剥夺孩子通过实践锻炼提高自我保护能力的机会，反而发生了许多不该发生的事故。

其实，在孩了成长的过程中，最好的办法就是主动教给孩子避免伤害的知识和方法，增强孩子的自我保护能力。

现在很多家长老担心孩子的安全问题，因此，恨不得时刻黏在孩子身边，可我认为这并不是什么上策，而是下下策。在儿子 8 岁的时候，已经敢一个人坐大巴车回衢州老家、去大家艺校学电子琴、去望江门小学打乒乓球、人民大会堂练轮滑、去陈经纶少体校打乒乓球比赛、去茅家埠学帆船……

为什么我们对儿子这么放心呢？因为，我们从小就教会了儿子如何应对各种交通危险，学会了各种避免发生交通安全事故的能力。

在孩子会走路后，我就没有抱着或拉着他的手过马路，我会让他走在我边上靠前的位子，嘴里不停地告诉他该注意什么，什么时候可以过去。通过几次训练后，我就注意观察他有没有按我的要求去做。

有一次，他看我在边上陪他，就不是很注意。这时，一辆车从我们前面开过，我就故意推了他一下。他吓了一跳，没明白怎么回事？我说：“你怎么不看路，刚才幸亏爸爸拉了你一下，要不然你就让车撞了。”

从那以后，我经常会有意无意让他一个人先过，然后我就在后面观察他。有时候，我会故意对他说：“爸爸今天不送你了，自己过马路。”其实，我在他后面看着，只不过他不知道而已。一段时间之后，我发现他已经能很自如地应付了，我也就放心了。

在孩子的一生中，危险会始终伴随着他，家长的责任就是要教会他怎么去避免危险。别说是孩子了，即使是大人遇到自己不会的事也可能会有危险。

很多家长看到我儿子每天轮滑回家，会说：“谁家的孩子这么危险？”言下之意是这样的家长真不负责任。可是，我要对那些家长说，如果你们穿轮滑鞋上街一定很危险，可是只要学会了，就不危险。为什么，因为危险与否和大小不成正比，只和会不会成正比，只要真正掌握了就很安全。

在我们身边，很多家长都会担心孩子一个人出门会丢或被人骗。

儿子小时候，我让他记住家里的电话号码和爸爸的名字，万一找不到家了，可以和家里联系。有一次，我带着儿子到动物园玩，这时候，一个电话打了过来，我急着接电话，就让他先去看老虎，可等我到老虎园的时候却没看到他，找了一圈也没有，我很着急。

我给他妈妈打手机，想让她一起来找儿子。电话刚接通，我就听到：“爸爸，您怎么还在这里？狮子我也看过了，一直都没看到您，我只好跑回来找您了。”

我连忙挂了电话，很严肃地说：“你怎么不等我就去看狮子，爸爸正准备回去不管你了。”没想到，儿子却说：“那您回去好了。”我说：“那你怎么办？”

他说：“我向有手机的叔叔、阿姨借手机往家打电话，您来接我不就可以了吗？”我又问他：“你没看到爸爸，为何没哭呢？”他说：“哭解决不了问题。那样坏人就知道我把爸爸丢了，这样坏人真把我骗走了。”对于儿子的这个回答，我感到挺惊讶。

我说：“本来爸爸很生气的，可是看到你已经将爸爸以前教你的事记住了，爸爸就不生气了。可是，借手机可不能随便找人，要找警察或公园门口的管理人员借。不过最好还是看牢爸爸，那样更安全！”

正因为有了这一次经历，我对儿子也就没有那么担心了。

前段时间，轮滑队去西湖边训练，下午要回来时，杨教练让他和几个大学生一同去西湖边滑，我同意了。可是，等赶到西湖边时我却没看到他，只好往南线去追。到了涌金门，也没看到，我只好回头去找。

到了万松岭，我接到一个巡警打来的电话，他说：“你儿子让我打的，说他把爸爸给弄丢了，让你告诉他你在哪里，他来找你。”我担心西湖边人多不好找，就让他在原地等我。

见面后，我问他：“你不认识回去的路了吗？”他说：“当然认识。”“那为何让巡警打我电话，还说是你把我丢了？”他说：“如果我不这么说，警察叔叔会批评您没把我看好。再说，你一个人先回家，妈妈知道了也会说你。”面对这样的孩子，作为家长还有什么好不放心呢？

在儿子身上，这样的故事还有很多，比如：他会一个人换两趟公交车去平海路的围棋院、自己的小衣服自己洗等。不管做什么事，他都有兴趣。可是，所有的一切都需要家长耐心地教给他，更要告诉他学会了对他会有什么帮助，对他的人生会有什么影响。只要他真正明白了这些最基本的道理，他是很乐意去做的！

为了让儿子尽早学会坐公交车，我也是费尽心思。从小就让儿子自己上下车，在车上为了让儿子记住抓住固定物的重要性，有一次，我看到他没有抓住前面的椅子，在刹车时故意推了他一下，儿子的头碰了一下前面的椅子，然后我告诫他："这就是不抓住的后果。"让儿子有了所谓的切肤之痛铭记于心的深刻教训。

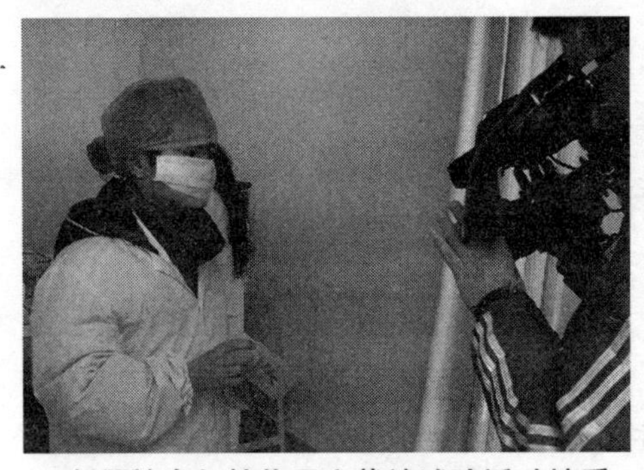
彭衢杭参加植物无土栽培试验活动接受记者采访

我认为，危险伴随着每个人一生，是否安全和年龄大小不成正比，和自己规避安全隐患的技能是成正比的。只有自己的技能学好了那才是相对安全的。父母要教会孩子各种应对危险的能力，只有这样才是一劳永逸的安全。

孩子出现问题责任在家长

父母的需要不一定就是孩子的需要，让孩子言听计从并不能证明自己就是合格的父母。不但要让孩子听父母的，更重要的是父母也要倾听孩子的想法。

现在，很多中小学生当遭遇困难和挫折时，首先想到的是逃避而不是去解决，遇到这样的学生，学校和家长都很头疼。当问及为什么离家出走这一情况越来越普遍时，有些孩子会说，离家出走的目的是为了向家长示威，表达自己的抗议。

在物质条件充足的条件下，孩子们手里又有钱，因此出走变得越来越普遍。

孩子出走，错不在孩子，而在于家长的教育，但很多家长都没有意识到这一点。首先是家庭教育的问题，当孩子遭遇挫折时，父母总是会大包大揽，让孩子藏到自己身后；其次是社会的问题，学生家长思想观念上还存在一些盲区，在对待心理治疗时持一种不信任的态度。

家长错误的教育方式使得孩子们只知道学习，缺乏责任心和爱心。在性格方面的影响尤为明显，形成了以自我为中心的价值取向，缺乏协调和交往能力。长此以往，会给孩子一种“生活在真空当中”的感觉，从而产生一系列的心理问题，通过行为举止表现出来。

当孩子产生品行障碍等问题时，会以逃学、撒谎、偷窃和虐待等行为表现出来，此时，人格前期的稳定性已经受到影响，会产生品行障碍、统合能力和家人关系等方面的问题，从而想到离家出走。

由于家长错误的教育方式，孩子在性格方面形成了以自我为中心的价值取向，缺乏协调和交往能力。当孩子进入到一个新环境时，就迫切地要求成为人群的焦点，如果不能满足要求，将会给孩子的心理带来极大的影响。孩子回来之后，家长担心孩子受到刺激后会再次出走，因此会对孩子“礼让三分”，这会给孩子造成一种错觉，认为出走是让父母向自己妥协的办法。

要想解决孩子的心理问题，就要让家长逐渐意识到自身的问题。让他们学会有爱心去帮助别人，有责任心来勇于担当，不要什么事都插手去管。同时，要让孩子多到户外去走走，培养协调能力和人际交往能力，树立正确的价值观，养成健康的心理素质。

生活中，家长一向是习惯扮演管理者和审判者的身份，如果孩子出了问题，一定会居高临下进行审判和斥责。家长有错吗？家长都有这样的惯性思维：家长所做的都是为孩子好啊！这似乎是颠扑不破的真理。

然而，仔细想想，家长也是人，怎么就不会犯错？凭什么做出的判断就永远是正确？凭什么可以以权威压制孩子？难道就是因为"吃过的盐比孩子吃过的饭还多"?!

究其原因，就是家长没有对自己进行"问责制"。面对和孩子的关系，很多家长首先的定位就是自己是法官和真理的掌握者，不考虑自己的言行是否正确，孩子出了问题责任只在孩子。说白了，就是绝对的权威和服从者的关系。而正是这种关系，造成了我们相当一部分家长对孩子教育的失误。

站得太"高"，有时也会有视觉的盲区。在孩子的教育上，应该提倡一种回归：让父母做"父母"而不是"家长"。这两个概念有区别吗？有。

父母是孩子的父亲、母亲，和孩子之间是温馨的亲情关系；而家长，则是一家之长，是带有权威和管理者身份、凌驾于孩子之上的。只有在和孩子的"平等"对话中，父母才会明白：父母的需要不一定就是孩子的需要，让孩子言听计从并不能证明自己就是合格的父母。不但要让孩子听父母的，更重要的是父母也要倾听孩子的想法。

培养孩子，家长首先就要言传身教

如果你希望孩子是个孝顺、勤俭、诚信的人，那么请先检查一下自己的行为：是否做到孝敬父母？是否做到勤俭持家？在你做出某一行为之前，请先想想会对孩子产生什么样的影响。

父母的行为对孩子起着至关重要的榜样作用。他们的一言一行，即使是最容易被忽略的细节，都会被孩子分毫不差地记在心里，并在某些时候表现出来。这就要求父母在孩子面前时时刻刻注意自己的行为。

如果你希望孩子是个孝顺、勤俭、诚信的人，那么请先检查一下自己的行为：是否做到孝敬父母？是否做到勤俭持家？是否做到言而有信？在你做出某一行为之前，请先想想它们会对孩子产生什么样的影响。

◆ 健康、节俭

如果没有一个健康的身体，如何实现梦想？健康的身体、向上的思想会让人的生命处于最佳状态。身为父母首先要在生活细节中培养和发扬健康的观念，让孩子养成科学、健康的生活习惯，这会影响他的一生。

绳锯木断，水滴石穿，靠的都是恒心与持久。节俭更是如此，一日一钱，千日千钱，节俭是累积财富最直接有效的途径之一。要积极将这种行为做给孩子看，耐心讲给孩子听。

◆ 现代、友爱

生活和工作理念的现代化、时尚化、个性化会让你总是处在社会和生活变化的前沿，使你总是保持一种现代、向上的心态。孩子在这种氛围里成长，有助于他很快适应瞬息万变的环境，减少不必要的挫折。

家庭中，要重视团队精神的培养，始终强化“家”的概念。在这种氛围里，会让家庭每一成员学会互相关心，团结友爱，这或许也是家庭幸福的重要因素之一。

◆ 有危机感、上进

在没有竞争对手的时候，要让孩子把自己设置为“假想敌”，使自身处于危机状态，这会让孩子永远理智、冷静。

作为父母，首先要上进，不管是心态上，还是行动上。我们要适时地告诉孩子：原地踏步就是后退。

◆ 思考、敬业

正确的思考方式，准确的思考方向会让一个人少走弯路，保持迅速的、良性的发展。对正在成长的孩子而言，这种正确、准确的思考能力来自父母、老师和社会媒介的正确引导和教育。

一份值得你从事的工作是值得你尊重的，所以身为父母首先要尊重自己的工作，如果你认为自己正在从事的工作激发不起你的热情，最好换一份值得你去做的工作，这对你和孩子的发展来说都有益处。当然，你尊重了自己的工作，工作本身才会带给你回报。

◆ 感激、理解

你给生活种下什么样的种子，你将收获什么样的花朵。父母首先要对生活怀一份感激之情，感谢生活本身的美好，感谢那些给你帮助的人和那些需要你帮助的人，并将这些言传身教给自己的孩子或别人的孩子。

真正的理解是很难的，但如果你对生活细节用心，就会拥有节俭、健康、敬业、诚实、守信等美德，孩子才会真正走进理解的深处。作为父母，我们要为我们的孩子负责。

◆ 诚实、守信

诚则持久，信必永恒，社会的发展历程证明，经商者远离诚信绝不会长久。做人更该如此！

诺言，是永远值得你尊重的。尊重别人的前提条件之一便是尊重自己的诺言。这是守信的根本。这一点对孩子来说尤其重要。

◆ 严谨、成熟

认真、用心、严格要求自己，会让自己的无形价值越来越高，最终成为触手可得的财富！生活作风不严谨的人，信誉度自然就低；相反，严谨的人，可信度会从你的气质与作风上透射出来。

社会总在向前发展，因此思想也总在变化，如何让思想永远跟随着社会前进的脚步，不仅是一个理想远大的父母所想，更该是一个追求更高目标孩子的所想。真正成熟的人永远不会满足于现状，他们总是在一次次突破中提升自身的境界。

彭衢杭参加校园足球联赛杭嘉湖赛区代表运动员发言

父母的性格对孩子性格的形成有很大的影响。对人热情大方的父母通过自己平时一言一行的教育和影响，让孩子逐渐养成了大方的性格；活泼开朗性格的父母用自己洒脱的言行对孩子进行日常熏陶，让孩子渐渐养成了活泼的性格。

其实，每个人在性格上都存在缺陷，这是无法否认的，但如何让这些存在的缺陷在不知不觉中影响到孩子，却是可以避免的。因此，为了让自己的孩子能够成为一个具有良好性格的人，父母就要时时检查自己，努力克服自己性格上的缺陷。

从小事中让孩子学习法律知识

从身边发生的一些细小鲜活的与法律有关的事例中学习法律知识，更能形象生动的领悟和掌握。家长们要严格、用心地从小就对孩子进行规矩（法律知识）的教育。

由于我自己做过政法媒体记者，我和儿子说话时总离不开法律词汇，妻子也说我得了职业病。可正因为我的这种“职业病”，让儿子从小养成了很好的习惯。这样就让儿子从小明白了什么事不能做，什么话不能说，什么事违法等，现在儿子更能理解我的良苦用心了。

刚会走路说话时，我就会不厌其烦地告诉他：过马路时，要走人行斑马线，什么一停二看三通过，红灯停绿灯行，等等。

记得第一次去超市，也许儿子好奇，进去之后，这个摸摸那个捏捏。妈妈说：“喜欢什么自己拿。”可是，儿子正要拿时，我却很严肃地说：“放好，你不能拿，只能看，拿了就是小偷了，小偷是要被警察抓起来的。”

儿子当时很不理解，可我的想法是儿子凭什么拿呀？拿东西是要付钱的，儿子不会赚钱，如真拿了没付钱不就是偷吗？再说，从小拿惯了养成坏习惯长大了就很难改了。

彭衢杭在农村和爷爷、奶奶一起过大年

还有，只要是在报纸、电视上看到或听到有关违法的事，我就会耐心分析给儿子听，告诉他，他们为什么会违法，要怎么做才不会违法。

一次，电视中播放了这样一个片段：

一个学生偷偷拿了妈妈的钱，妈妈发现后没有及时纠正他的错误行为。后来又拿了爸爸的钱，也没得到爸爸在法律方面的教育。后来，他到了同学家，拿了同学家长的钱，结果同学家长发现报了警，这个学生被警察抓走了。

为什么孩子会去拿同学家长的钱？就因为父母没告诉他这是违法行为，如果当时他拿父母的钱能及时得到教育，这样的悲剧就不会发生了。而我儿子却从小就知道，没有经人同意随便拿别人东西那是违法行为，是要受到法律严惩的。

我相信，这种从身边发生的一些细小鲜活的与法律有关的事例中学习法律知识，更容易领悟和掌握，我也希望更多的家长能像我一样，做一位严格又用心从小就对孩子进行规矩（法律知识）的教育，使他们长大后成为一个遵纪守法的好公民。

让孩子尝试自己走路，亲历安全的重要

要给孩子更多的信任、更多的机会去尝试，家长们的责任是把自己的

一些身心健康培养的经验传授给孩子，而不是把孩子关在自己的车里、拽在自己的手里，以为这样的上学路就安全了。

看到这个题目很多人会问上学路会有什么与众不同呀？小学阶段很多家长担心上学路上不安全，多数是家长接送，只是接送的方式不同：有的是汽车，有的是电瓶车，有的是自行车，还有的是家长牵着手走路。但结果都是学生们自己没有独立去思考和经历。

可我儿子却是自己天晴轮滑，下雨走路，而且家长就算送也只是个旁观者。这肯定还算是另类的吧！

我是个与众不同的老爸，也就培养了与众不同的儿子。我从小就特别关注儿子身心健康的培养，我认为这得从会说话走路开始一点一点地通过生活中的小事去亲身经历，不然等到长大后再想补课肯定就事倍功半了。

就拿现在普遍的孩子上学接送来说，我就和别的家长有着天壤之别。

从幼儿园开始，他就养成没有牵着家长走路的习惯。因为任由家长牵着走，孩子差不多就是像瞎子一样走路；如果让孩子自己走路，他必须主动去观察前面的状况，不然可能就是鼻子碰到电线杆了。

彭衢杭参加家庭教育论坛代表浙江少儿频道小记者采访教育专家

不过，我肯定会在他的可控范围内，不厌其烦地做出提醒和指导。正因为这样，儿子才慢慢地积累了很多上学路上的经验。比如：儿子知道，过马路时离开过来的车子多少距离是相对安全、可以通过的。

这虽然是件看似很简单的小事，可是却可以让我们明白：任何事情能力的培养都不是一朝一夕的，更不是家长能够代替的，需要孩子自己的经历和尝试，只有这样我们的孩子在遇到一些突发事件时才能从容应对，做到自我保护。

家长的责任是把自己的一些身心健康培养的经验传授给孩子，而不是把孩子关在自己的车里、拽在自己的手里，以为这样的上学路就安全了。在这里我要呼吁家长们，给孩子更多的信任、更多的机会去尝试。

为什么我会对儿子这么放心呢？因为我从小就教会了他如何应对各种交通危险，学会了各种避免发生交通安全事故的能力。父母们如果能够像我一样从小教会孩子们各种应对危险的能力，他们才会获得一劳永逸的安全。

让孩子成为好学多学、遵纪守法的人

家庭是对孩子进行遵纪守法教育的第一课堂，是预防孩子违法犯罪的第一道防线。父母是对孩子进行遵纪守法教育的第一任教师，对孩子的法制教育负有直接的责任。

无意间看来一张旧报纸，上面出现了这样一则新闻：

街头，宝马与保时捷狂飙相撞。据交警部门调查，两位开车者都是“富二代”，他们利用父母辛苦创业挣来的钱买了豪华跑车飙车，造成车毁人伤的事故，幸好没殃及无辜路人。

我将这则新闻拿给儿子看，看了新闻，儿子更加明白了我为何要对他那么严格了。因为我不想让我的儿子不学无术，只会乱花钱，只会做违法的事。

现在，很多年轻人只想依靠父母，而一些父母为了不让自己孩子吃苦，就惯着孩子，从小什么都依着孩子，全然忘记了他们自己也是因为从小吃得起苦，通过自己的努力才有了今天的成绩。这样不仅对孩子不好，更会害了孩子，让他们成为一个对社会有害之人。

因此，我希望更多的父母和年轻人能从中吸取教训，让每个孩子都成为好学多学、遵纪守法的人，这样的悲剧也许就不会再发生了。

家庭是对孩子进行遵纪守法教育的第一课堂，是预防孩子违法犯罪的第一道防线。父母是对孩子进行遵纪守法教育的第一任教师，对孩子的法制教育负有直接的责任。建议家长在教育孩子遵纪守法方面注意以下几点。

◆ 让孩子远离烟酒

资料显示，在少年犯罪中，有 1/3 的事件与酗酒有关，有 l/2 的案件是酒直接诱发的。吸烟，不仅会对孩子的身体造成严重的危害，而且容易"成瘾"。

在好奇心的驱使下，孩子更容易被社会上不三不四的人利用，由此引发盗窃、抢劫犯罪行为。家长要教育和帮助孩子远离烟酒，要把孩子引导到健康生活上来；同时，自己要以身作则，不吸烟，少饮酒，至少不要在孩子面前酗酒。

◆ 不到不适合自己的场所

近年来，随着互联网等新兴媒体以及网吧等各类文化娱乐场所的快速发展和手机的普及，含有色情、暴力、赌博、愚昧迷信的腐朽落后文化和有害信息乘隙传播，严重腐蚀着孩子的心灵。应该经常提醒孩子，不要到不适合少年儿童的公共场所活动；引导孩子绿色上网，健康上网，拒绝色情暴力；更不能带孩子到营业性歌舞厅和电子游戏场所。

◆ 引导孩子正确交友

现在的孩子基本都是独生子女，家庭中没有兄弟姐妹，周围同龄人少，都有喜欢交小朋友的心理需要，一旦他们这一需要在家庭和学校得不到满足时，就会到社会上寻求。

家长一定要关注孩子的交友情况，要了解自己的孩子经常和什么样的伙伴在一起，这些小伙伴的品行怎样，家庭怎样，有无不良嗜好等。一旦发现不良苗头，就要及时引导，以免铸成大错。

◆ 注重孩子幼时的道德启蒙

研究表明，几乎全部的少年犯罪都是由于没有很好地接受家庭、社会的道德教育，而相反却接触了许多来自家庭、社会的色情、暴力等犯罪影响所致。孩子的道德水平直接决定于其家庭教育的情况。家庭是孩子接受道德教育最早、最经常的地方，高尚的品德必须从小开始培养，从娃娃抓起。要把孩子童年的道德启蒙放在家庭教育的首位。

◆ 正确对待逃学现象

逃学是孩子的不良行为，是引发违纪触法的因素之一。尽管孩子逃学的原因多种多样，但一旦养成这种不良习惯，就会出现不良行为，甚至走上犯罪。逃学是孩子走下坡路的重要信号，应当引起家长重视。

当孩子有逃学现象时，首先，要弄清逃学原因；其次，要耐心帮助、教育孩子，讲清道理；最后，要与班主任及时沟通联系，与学校配合，及时解决孩子逃学问题。

◆ 重视孩子夜不归宿

资料表明：经常夜不归宿是孩子违法犯罪的前兆。孩子擅自外出，夜不归宿，父母一定要及时过问，查清原因，及时教育，采取措施。做到早发现、早引导、早纠正，把问题解决在萌芽状态。否则，一旦发生问题，很容易受到不良行为影响而走上犯罪道路。

◆ 万万不可放任不管

孩子是未成年人，需要有约束。“没有规矩，不成方圆”，缺少约束的孩子是很难成才的。约束孩子，一靠制度法规，二靠父母视线。父母要教育、监控孩子遵纪守法，不能放任不管，要把监护工作做到位，不能也不应该以各种理由推卸父母对孩子的教育责任。

◆ 重视孩子细节“小事”

彭衢杭在世界杯5人制足球赛做球童

在孩子们的交往中，有时会出现强拿硬要的现象。因为钱物不多，一般父母仅仅会训斥几句了事；孩子钱物来路不明，父母视而不见；偷拿家里钱物，父母不能及时纠正……这些虽属生活细节“小事”，但父母一定要注意：事物发展都是由量变到质变的过程，大错是从小错开始的，小错累成大错，大错走向犯罪。对孩子一言一行要密切注意，绝不能忽视、麻痹、放纵。

◆ 不要把孩子赶出家门

在成长过程中，孩子不可避免地会出现这样那样的错误，需要父母对孩子进行教育。孩子犯了错误，父母要学会克制，耐心给孩子讲道理，不可打骂，不可体罚，更不能把孩子赶出家门，一推了之。把孩子赶出家门，时间长了，孩子很容易染上不良行为。

第八章 “打”孩子也是一种管教孩子的好方法

成功的孩子背后肯定有懂教育的家长

成功的孩子背后肯定有懂教育的家长，成功的家长不一定能教出成功的孩子，名校更不是孩子成才的唯一途径。要想自己的孩子健康成长，首先要让自己成为一个懂得教育的优秀家长。

《中国“十二五”规划纲要》和《浙江省“十二五”规划纲要》似乎都没有提到家长在孩子成长过程中的教育地位和作用。历来只闻“儿不教，父之过”，从未听说过“儿不教，校之过”。

综观人间世相，凡成功的孩子并不一定是他上了一个好学校，而是有个知书达理的家长。但许多家长只知道将孩子交给学校就万事大吉，而不去了解孩子在学校是否按着学校所要求的在做。我认为，学校教育必须由家长教育来配合，好比是两条腿，少一条就难以前进。

鉴此，我建议：必须从政府的层面来强调家长不能一味依赖学校，要充分意识到家长教育对孩子成长过程中有着无可替代的作用，这样也许可以化解目前家长一味地追求名校名师，却忘记了家长才是孩子成长最好的老师，把家长在教育孩子方面的能力培训提到和学校硬件与师资水平一样的高度。

可是，现在不少家长却不知道如何去教育自己的孩子，主要原因就是大多数家长只发现孩子存在这样那样的问题，却看不到自己存在的问题。我认为，更多的时候不是孩子要反省，而是家长要反省，孩子的问题更多的是折射出家长的问题。

当家长要求孩子做到时，家长自己能做到吗?

当你让孩子做某件事时，家长想过你要求孩子做得正确吗?

当家长制止孩子某些行为时，家长想过你这样做对吗?

当家长替孩子包办代办时，家长想过你这样做对孩子有好处吗?

当家长替孩子做出某种选择时，想过这对孩子有帮助吗?

当家长把孩子送到一个所谓的名校时，就认为你的孩子肯定能成才这种观点对吗?

当你的孩子学习成绩每次排名第一时，就认为一定能成才对吗?

有一些家长认为孩子教育就是学校的事，家长有必要教育吗?

……

这说明，很多家长根本无法正确回答如何进行家长教育的问题，只会一味地埋怨孩子。

如果家长不能改变这种错误的教育方式，任其发展下去后果会很严重。所有家长都知道孩子要德、智、体、美、劳全面发展，却很少有家长知道如何去教育孩子全面发展。那么这样的家长该怎么办?

俗语说得好：“只有不会教育的家长，没有教育不好的孩子。”我认为，政府要高度重视独生子女教育在他们成长过程中的关键作用，通过政府相关部门用各种不同的形式，让准家长们进入政府规范的“家长学校”，到那里去学“如何做一名合格的家长”。

同时，发挥舆论导向作用，让广大家长充分认识到家长在孩子成长中不可替代的作用。把家长教育作为政府部门的重要工作来抓好抓实，加强家长教育成功案例的总结和推广，大胆地揭露一些由于家长教育的缺失造成的严重后果。让所有家长意识到自己对于教育孩子存在的这样那样的问题，只有加强自己家长教育能力的学习，才能成为一名称职的家长。

彭衢杭在家庭教育论坛上提问教育专家

让这些家长通过改变自己的教育理念和方法，做一位严格、用心的家长。用正确的家长教育理念和方法关爱、引导、指导自己的孩子，积极的配合学校教育和社会教育。只有这样，我们的孩子才能成为体、德、智、美、劳全面发展的人。

成功的孩子背后肯定有懂教育的家长，成功的家长不一定能教出成功的孩子，名校更不是孩子成才的唯一途径。要想自己的孩子健康成长，首先要让自己成为一个懂得教育的优秀家长，这才是孩子成功的先决条件。

家长不要老想着花钱让孩子去学这学那，也许更需要花点钱让自己去学习；更不能老把孩子看成是要用心呵护的笨孩子，其实有时孩子比家长更聪明和能干。请家长相信孩子，只有你的孩子得到正确的家庭教育，你的孩子才会变得更有出息。

虎爸与虎妈、狼爸、鹰爸在培养理念上有区别

“虎妈”和我的教育方式有很多相同，也有很多不同。相同之处，对孩子都很用心，在孩子身上投入很多时间和精力。我和“虎妈”的最大不同，就是我从没逼他学过任何一样东西。

我认为自己不像虎爸，更像儿子说的“土教练”。因为我和美国虎妈、中国狼爸、鹰爸什么的有两个本质的区别：一、我从不强迫儿子；二、我没给儿子定很高的目标。

作为家长，我很纳闷：为什么那么多人关注的是儿子获得的荣誉？可我并不看重这些，我只是看重这背后的真实故事。比如：儿子去农村爷爷奶奶家，情愿给爷爷奶奶割稻，也不愿和我一起去吃鲟鱼；在家，都是他给家长盛饭；小学二年级开始就是自己轮滑上下学为主，轮滑是他外出的主要交通工具；在外面能吃拉面，绝不吃肯德基；到现在还没因为生病去过医院；轮滑全程马拉松对他来说不算什么累……这才是我最为自豪的。我想问，难道这不是家长们所期望的吗？

"虎妈"和我的教育方式有很多地方相同，也有很多地方不同。

相同之处，对孩子都很用心，在孩子身上投入很多时间和精力。

不同之处是我没给儿子定很高的目标，也没想过非要让他成名，更多是因势利导，让他成为一个爱学、好学、多学的儿子，利用小学阶段尽量多接触各种技能，开阔视野，通过各种技能的学习提高他的综合能力。

我和"虎妈"的最大不同，简单说一句话，我从没逼他学过任何一样东西。

我和老婆都是一点运动细胞都没有，我不会游泳，儿子学乒乓球的时候我跟着学了一点点，其他如足球、篮球、轮滑，他会玩的，我没一项会的。一个几乎没有遗传和天分的孩子，如何能掌握这么多运动技能？

◆ 儿子 4 岁开始学轮滑

邻居几个大的孩子，每天在院子里滑轮滑，儿子每次看到都会停下，盯着看，不肯走，很好奇，很羡慕。我问他："你是不是想学？"他说："想。"我说："爸爸明天就给你买一双轮滑鞋。"第二天我就去买了，大商场都没那么小的，我跑到文体用品市场才买到。

儿子很高兴，马上穿上，在屋子里扶着桌子滑。他说："爸爸我怎么老是屁股着地呢？”我说：“这是因为惯性，你脚往前走，身体不动肯定往后摔了。”他问：“怎么能不往后摔？”我让他把腿弯起来身子向前倾，他又说：“爸爸我怎么不动了呢？”我也答不上来，只好上网去查，查到了动作要领再去教他。

后来，儿子滑得有些模样了，我才让他到楼下去玩。玩得差不多了，我就让他自己上街滑，后来他上学，都是自己滑着去的。

很多家长看我儿子每天轮滑上学回家，也都说：谁家孩子这么危险，这样的家长真不负责。我心里是有数的，危险不危险和孩子大小不成正比，只和会不会成正比。你滑危险，他滑就不危险，只要真正掌握了就很安全。刚开始上街的时候，我都骑自行车跟在旁边，有时候一只手扶着他，后来看他真正掌握了，才放手让他一个人去滑。

◆ 三次横渡钱塘江

儿子开始学游泳，是8岁那年夏天，我给他报了个培训班。那天我没去，老婆带去的，后来我问老婆学得怎么样。老婆说：“他好像不如另一个孩子。”我说：“不可能啊，他轮滑这么好，没理由比另一个孩子差。”

后来我问儿子：“你想不想超过×××？”他说：“想。”我说：“老师是怎么训练你的？”他说：“一次打水打20下。”我说：“这不行，他打20下，你也打20下，你怎么能超过他呢？你应该打30下、40下、50下，要多练才行。”儿子点点头，第二天，他就一个人多练。果然，教练夸他进步很快。那一天结束，他就能游30多米了。第七天，就能游300米了。第15天训练结束，他能游500米了。很多孩子学一年两年也游不了这么多。

学完那天，游泳馆里正好贴着横渡钱塘江的报名启事。我告诉儿子：

“游泳池里会游，不叫真的会游，大江大海里才叫游泳。”他说，他也想参加。我说：“报名资料就要3000米，你现在还达不到，要多练才行。”又连续陪他练了五天，第五天，儿子终于能游到3000米了。儿子去报名，通过了。后来，又连续两年参加横渡。

其实，孩子天生就有学习的兴趣，能力也没问题。家长拉一把，就学成了；推一把，就失去了。

◆ 妈妈最早反对学足球

学足球，他妈最早是反对的。我怕家庭发生矛盾，就没有硬坚持。听说打篮球可以长高个子，他妈愿意孩子打篮球。儿子篮球打得不错，很快就进了校队，但是足球还是暗地里很喜欢。

儿子学校的全校长，很年轻，很有思想，也很喜欢体育，经常和我聊一些教育方面的问题。

有一天，全校长跟我说：“你还是让儿子练练足球吧！我发现，他在打篮球的时候，眼睛都往足球场那边看的。”我问了儿子，果然他就是愿意学足球。

于是，我们决定，这件事先瞒着妈妈。然后，我不断地在侧面跟他妈讲踢足球的好处。后来看到儿子踢出点成绩，他妈也就答应了。

◆ 帆船是个巧合

很多人奇怪，说我儿子是怎么练上帆船的？这中间也有个巧合。

那天，我带着儿子去打乒乓球，由于将日子记错了，那天没练。正好，老师要到茅家埠去看看朋友，朋友是那边帆船队的教练，我们就一块儿去看。结果，帆船队教练看上了儿子，说这个小鬼很机灵，可以练练。

彭衢杭在杭州西湖参加帆船训练

第一次，教练带着儿子上船出去转了一圈。回来后，儿子就要自己开船。教练说：“你不会，掉水里怎么办？”他说：“我会游泳，钱塘江都游过。”后来，儿子一个人开船出去，到中午时已经开得像模像样了。

“打”孩子并不是对孩子施暴，而是一种威严和威慑

对有些孩子，特别是聪明的孩子在特定的情况下，“打”也不是完全不可取，但这个“打”不等于暴力，更多的是一种威严和威慑。

古往今来都有“棍棒底下出孝子”“不打不成器”的古话。可是，现在有些人说什么棍棒教育不适用于今天的社会。我倒觉得，对孩子的教育不能一棒子打死，有时候不打不行。

孩子在未成年之前，没有形成自己独立的、健康的、完整的人生观，根本不知道如何去做，只想自己玩得开心，我们作为家长如果再放任自流，就是对孩子的不负责任。如果可以给他更细致甚至是严苛的管理、管教，孩子才可能有更加丰富的人生。

那么到底该不该打孩子？其实，家长也很无奈。不打，担心没有规矩不成方圆；打，又担心把孩子打坏了、打跑了。

其实，每个孩子都是独一无二的，要根据他们的生长环境和性格特点

来选择最适合的方式，简单复制别人的教育方法，肯定是不可行的。每个孩子都有自己的个性，家长不能对孩子的教育过于松散，但是如果过于严厉也会适得其反。

至于家长该不该打孩子，我认为这个问题要因人而异、因事而异，不能简单地归结于打和不打两种选择，我认为还有更科学的选择，而且对什么叫打也要有所区分。虽然说"棍棒底下出孝子""不打不成器"的说法不一定完全科学，但肯定有它的道理所在，不然不可能流传如此之久。

我们现在的教育往往就喜欢走极端，好像不是左就是右。因此，我认为，对有些孩子，特别是聪明的孩子在特定的情况下，"打"也不是完全不可取，但这个"打"不等于暴力，更多的是一种威严和威慑。

◆ 千万不要讽刺挖苦

家长惩罚孩子的时候，最好不要讽刺挖苦，更不能自恃"孩子是我生的、是我养的"而随意用恶毒的语言指责、谩骂孩子。实践证明，讽刺挖苦和恶语谩骂已经超越了孩子在理智上能够接受的范围，会刺伤孩子的自尊心。

惩罚孩子的目的是帮助他改正错误，绝不是为了刺激孩子心灵中最敏感的角落——自尊心。如果家长惩罚孩子语言不文明、满口脏话，自己也"出口成脏"，这就使得训教效果大打折扣，甚至失去说服力。

◆ 点到为止莫唠叨

有些家长教训孩子的时候没完没了，而且还时不时地喝问孩子"我的话你听见了没有？"孩子慑于家长的威严，为了免受皮肉之苦，只能别无选择地说"听见了"。其实，他可能什么都没听进去，甚至左耳听了右耳出。孩子之所以说知道了，只是顺着家长的意思，为了早点结束训斥。因此，家长在教育孩子时务必切记要改掉爱唠叨的毛病，凡事点到为止。

对孩子犯的原则性错误不惩罚，后果很严重

孩子犯了错，即使家长教育了，有些孩子依然会不听劝，还继续搞破坏，并且欺骗家长，有的更是目无尊长……对于这样的孩子，我们就有必要进行惩罚。

没有一个家长喜欢或乐于打孩子的，谁都想做狐狸妈妈，但作为家长更重要的是承担孩子教育的责任。

当孩子犯了错误的时候，家长该怎么做呢？我觉得，要因人而异，因事而定。如果一个孩子犯了错，通过家长的教训，能够理解那当然好；可有的孩子，即使家长教育了，不仅不听劝，还继续搞破坏，并且欺骗家长，有的更是目无尊长，而且一而再再而三的犯同样的严重错误。对于这样的孩子，我认为就有必要进行惩罚。否则，随着年龄的增长，到时候可能被打的不是孩子而是家长了。

彭衢杭个人特写

可是，这里的打绝对不是现在说的暴力。对于小孩子来说，家长也不用采取暴力的方式，只要在其屁股上拍一下，让他（她）有疼的感觉，

也许他就明白了犯了错就要接受惩罚这个道理了。这也许就叫切肤之痛铭记于心吧！

有些小孩子很调皮，即使家长再怎么说他都不会听，反而越说越变本加厉，这个时候你要是还停留在口头上就会害了他。只有拥有了惩罚孩子的智慧，才能真正达到教育孩子的目的。

◆ 犯了错误就要惩罚

孩子犯了错误，无论有心还是无意，都要受到惩罚。如果他是无意的，并勇于承认错误，家长要相信他，并减轻对他的惩罚；如果他隐瞒事实、逃避责任，他将受到加重的惩罚。这样就可以从小培养孩子诚实、负责的性格。

◆ 要依照规则进行惩罚

家长应和孩子协商制定一个奖惩规则，让孩子知道犯错后将受到什么惩罚。这样，孩子平日就会有所注意，从而减少犯错误的概率。当孩子犯错后，家长应注意调整自己的情绪，不要因一时冲动而随意惩罚孩子。若是以后孩子犯了同样的错误，也应该按规则进行和以前相同的惩罚，这样家长才能在孩子心中树立威信。

◆ 惩罚的“量刑”要适当

惩罚孩子的目的是为了孩子的良性转化，惩罚的“量刑”就必须合乎孩子的行为。惩罚过重容易引起孩子的对抗情绪，轻了又不足以使孩子引以为戒。因此惩罚孩子要以达到目的为原则，既不能轻描淡写，又不能小题大做滥用“刑罚”。

◆罚了又赏要不得

家长教育孩子要赏罚分明。该奖时就要郑重其事甚至煞有介事地奖，让孩子真正体会到受奖的喜悦；该罚时也应态度明确、措施果断，让其知道自己错之所在。只有这样，才能培养孩子明辨是非、知错即改的品行。实践证明：惩罚—奖励—惩罚的恶性循环会使孩子产生认知偏差，错误地将犯错和受奖联系起来，会使惩罚归于失败。

◆ 不要含糊其辞

惩罚孩子不能半途而废，应要求受罚的孩子作出具体的改错反应才能停止。家长要态度明确，跟孩子讲清楚他应该怎么做、达到什么要求或标准，否则有什么样的后果。如果孩子有乱丢东西、不爱整理的习惯，家长在惩罚时就应该让其自己收拾好东西、整理好玩具，使其明白必须要做好，否则又要受罚。千万不能含糊其辞甚至让孩子“自己去想”。

彭衢杭参加小记者体验消防队员高空灭火活动

打绝对不是目的，而是一种不得已的手段

作为一种手段，尽管打孩子看起来很不人道，但是也许这样一种野蛮的方式，会带来一种好的结果，实现自己的教育目的。

现在，很多关在少管所里的青少年，大都是小时候因为家长的纵容、心慈手软，犯了原则性错误，说理不改也就听之任之，舍不得给予惩罚所造成的。因为，家长可以放任他为所欲为，可社会上没有人会这么惯着他的，最后的结果很可能是做出一些害人害己的事。

有些家长会采用一种民主的方式帮助孩子，可是民主的方式并没有达到预期的目的，反而让孩子觉得家长好说话、好欺骗、好糊弄。原以为孩子能明白家长的做法，但是很多孩子并不是积极努力地争取做个好孩子，而是把家长的态度和做法当成了逃避问题、躲避困难的屏障了。孩子渐渐摸准了家长的脾气和教育方式，于是就开始为自己的行为找借口、找理由，甚至编出非常“有道理”的情节，一次得到家长的理解，两次得到家长的同情，后来就会变本加厉。

有人曾说，打孩子实在是不情愿的行为。打在孩子身上，疼在家长心里。但是，我认为，孩子真的需要打，这个打是应该的。为了让他知道自己犯了错误，必须暂时痛苦一下。作为一种手段，尽管打孩子看起来很不人道，但是也许这样一种野蛮的方式，会带来一种好的结果，实现自己的教育目的。

打孩子不见得是件坏事，孩子在成长的过程中，实际上是一个探究的

过程。有的时候他们不能完全理解大人讲的话，或者是对某事没有记性，父母又不可能全天注视他们，这种惩戒方式，可以给他们留下深刻的印象，避免遇到更大的伤害。

孩子有时做坏事时，是为了得到一种冒险、刺激的精神体验。如果这时不打他，那么他做坏事时带来的这种体验就会成为唯一的体验。一旦这种"愉快体验"成为做坏事后的唯一体验，或者因为父母的批评不够，以致这种愉快的体验盖过了痛苦的体验，孩子就会把做坏事当成内心十分向往的事情，脑海中对于"不能干坏事"就不会有深刻的印象。

孩子犯了错误，对他进行体罚，可以让他明白很多没有道理的事情是不能做的，一旦做了，就可能面临严重的后果，这种后果又必须由自己来承担，无论是谁，都救不了自己。打孩子可以增强其心理承受能力，让他有一次面对错误的经历。

恐怕每个人一辈子或多或少都要受到惩罚。孩子在家中学会了正确对待父母的体罚，那么他在今后遭到惩罚，甚至受到一些不公正待遇，受了委屈之后，也能够采取正确的态度与方法来面对。不会觉得世界末日来了，没有了希望，甚至去做"剥夺自己小命"的傻事。

在孩子做了严重的错事后遭受体罚，可以让孩子知道犯了错误就应当承担错误带来的不良后果，只有做好事，才会得到积极的奖励。在孩子做坏事后打他，可以让他切身感受到，一种不良后果肯定随着自己做的坏事而来。

如果不打，其他惩罚措施很难保证一定会对他产生威慑力，他会想，反正你不能把我怎么着，只不过吓唬我而已。一旦不良的诱惑再次出现，下次极有可能重蹈覆辙。那个时候，孩子一旦真的出了问题，恐怕这是我们家长最不情愿预见的结果了。

彭衢杭和杭州网记者在摄影比赛颁奖时合影

惩罚的效果部分来自条件反射，而条件反射在有条件刺激和无条件刺激的间隔时间越短则效果越好。所以家长一旦发现孩子犯错，只要情况许可就应立即予以相应的惩罚；如果当时的情境不允许立即作出反应，事后则应及时地创造条件，尽可能让孩子回到与原来相似的情境中去，家长和孩子一起回顾和总结当时的言行，使他意识到当时的错误行为，并明确要求他改正。

惩罚只是一种劣性条件刺激，其效能是短时的，不能持久。受罚的孩子改正了错误并不等于他已明白事理，并不能保证他下次不会再犯。因此，让孩子明白自己受罚的原因才是根除错误的关键，说理是惩罚孩子之后不可或缺的一个重要步骤。

让孩子明白：一个人从小到大都可能犯错，但犯错要接受惩罚

家长在惩罚孩子的时候，要清楚地知道孩子的潜力和优点，帮助孩子不断地自我反省，使孩子的品行和学识都得到提高，这样的惩罚才是有效的。

很多时候，一般的说理和不恰当的惩罚对某些孩子根本就不管用，这

时或许只有皮肉之苦能让孩子当回事。但打绝对不是目的，而是一种不得已的手段。

不过，关键是要让他从小明白一个人从小到大都可能犯错，犯错肯定要接受惩罚，不是因为他是孩子我们是家长就可以打孩子，而是因为他犯了错误才被家长打。家长犯了错也要接受惩罚，只是打家长的对象不一定是爷爷奶奶了。因为如果爸妈小的时候犯错不改也没被惩罚或打，现在犯的错误肯定就是大错误了，想被爷爷奶奶打的机会也没了，而要接受法律的惩罚。

如果这样的错误不及时改正，将来家长想帮他改正的机会恐怕也没了，只能接受法律惩罚。我想，只要孩子能明白这个道理，他不但不会因为惩罚或者挨打而记恨家长，更不会心理存有阴影，肯定还会很理解和感谢家长。

可是，今天很多因为打而产生问题的孩子，是他没有真正明白为何挨打。对于孩子犯错误，没有惩罚的教育是不完整的教育，是不负责任的教育。实践证明，自控能力弱的孩子，在家长正面引导教育无效的情况下，惩罚可以显示出特有的威力和效果。

但是，惩罚也是一种艺术，既要约束孩子，又不能伤害孩子的身体、个性、创造性、独立性和心理健康。家长在惩罚孩子的时候，要清楚地知道孩子的潜力和优点，帮助孩子不断地自我反省，使孩子的品行和学识都得到提高，这样的惩罚才是有效的。所以，家长在对孩子进行惩罚之前，要了解惩罚的原则，知道用什么方法来惩罚孩子。

彭衢杭接受摄影比赛的证书

◆ 让孩子知道受罚原因

孩子犯了错误，家长一定要做到以下几点：

第一，让孩子知道受惩罚的原因。

无论孩子做错什么事情，也不论孩子年龄有多小，家长在惩罚前一定要告诉孩子这次受罚的原因。虽然我们不提倡体罚孩子，但是很多家长在气极了的情况下会打打小手，打打屁股，这之前一定要跟孩子说明白为什么孩子会受惩罚。

第二，错事与坏事要区别对待。

作为家长，我们一定要清楚地知道孩子做的事情是错事还是坏事，坏事我们是要惩罚的，但是由于孩子缺乏生活经验而导致的错误行为，就要理解和包容孩子，进行正面引导。比如：孩子每天看爷爷给家里的花浇水，他也想帮忙，于是给花浇了好多水，差点让花死掉。这个时候，我们就不用惩罚，而是告诉孩子浇花的常识就好。

◆ 惩罚要适时加码

如果孩子犯了同样的错误，第一次只要进行批评教育就可以，到第二次再犯这个错误的时候，就要加码。比如：孩子看电视的时候喜欢站在电视机前，第一次，可以告诉孩子，这样看电视伤眼睛，要往后坐。第二天孩子看电视的时候又站在电视机前面，家长就可以把电视机关掉，并告诉孩子，之所以不让他看电视，是因为他站错了位置。

◆ 通过实际行动引导孩子

第一，冷处理。

可以淡化孩子的行为，比如：孩子在幼儿园学会了说脏话，他可能并不知道这句话是什么意思，但是看到能引起父母的反应，他会觉得很好玩，如果父母不在意，他反而觉得没意思，不再说了。

第二，禁止孩子的一些权利和要求。

取消已经答应了孩子的事情和要求，比如：孩子上午犯了错，本来答应他下午去游乐场，那么可以不去，并告诉其为什么不去。家长要特别注意的是，在纠正孩子错误的问题上，一定不能心软，要说到做到。

让孩子理解：“打”针对的是错事，而不是个人

惩罚时要让孩子感受到：自己的行为不好，犯了错，但自己仍是好孩子，父母所惩罚的是错误行为，对自己是非常关怀、爱护，抱有信心的。

不少父母在惩罚孩子的时候，往往从孩子这次干错的事情联系到孩子以前干的错事上，然后对孩子彻底失望，最后对孩子进行打骂。

其实，这时候，父母为何不能冷静下来想想自己用打骂来惩罚孩子是为了什么。是因为孩子做的这件错事已经到了不打骂不行的地步，还是自己由于联系到孩子干的其他错事而气不打一处来，老账新账一起算。

往往在惩罚孩子时，父母是由于自己对孩子做的这件错事又强加了一

彭衢杭在摄影比赛颁奖时和杭州网主持人合影

些因素，以致非常的生气，从而打骂孩子。这样的做法，是一种对人不对事的责罚方法，是对孩子非常不公平的。

父母惩罚孩子的本质，是让孩子明白自己的错误行为，然后悔过进而改正，如果纯粹为了惩罚孩子而惩罚孩子，并不能为孩子带来任何的积极的影响，只会让孩子觉得父母根本不爱自己，自己只是一个一做错事就要挨打挨骂的出气筒。

那么，孩子不仅会和你们的关系渐渐疏远，而且会对父母产生不信任感，认为自己有什么事情都不能跟父母说，父母是不明理的，只要是我做的，就一定是错的。长久以后，孩子就会养成撒谎或是离家出走的坏习惯，这样的结果也是父母最不希望看见的。

因此，父母在惩罚孩子的时候，千万要记得对事不对人，要让孩子知道父母还是爱自己的，只要自己能够改正错误，父母会更加地喜欢自己。

很多家长却不了解这个道理，教训孩子时总忘不了东拉西扯、横牵竖连，说出孩子的种种不是，甚至将孩子说得一无是处，直至忘记了本次教训的主题。孩子怎样想呢？反正自己没有一处是对的，以前取得的成绩、改正的缺点家长都看不到，自感自己天生是挨训该罚的料，对改错失去了信心，也就破罐破摔、我行我素，这样的教育效果可想而知。所以，家长训教惩罚孩子务必要一事一议，就事论事，切勿搞牵连、翻陈账。

惩罚时要让孩子感受到：自己的行为不好，犯了错，但自己仍是好孩子，父母所惩罚的是错误行为，对自己是非常关怀、爱护，抱有信心的。

让孩子真正明白为何挨打

要让孩子明白挨打的理由。莫名其妙的打，不仅会使孩子一头雾水，收不到教育效果，而且会降低父母在孩子心目中的权威地位，是得不偿失的。

当孩子作出错误的行为时，家长一定要及时准确地指出他们的错误所在，告诉孩子错误行为所产生的后果，并明确地告诉他们，要对自己的行为负责，接受必要的惩罚。这样孩子才会从惩罚中明白家长希望他做什么。

在家长执行惩罚的过程中，只针对其行为，不要进行人身攻击；只有不伤害孩子的自尊，才不会引起孩子的反感，让孩子知道你是对事不对人。

有一次，浙江教育频道小强热线栏目播放了这样一段节目：

有个初中生因为偷了父母的钱，被父亲打了后，离家出走。

我问儿了：“如果是你，你离家出走吗？”儿子回答说：“这个哥哥是傻瓜，还好偷的是父母的钱，如果是别人的那就得坐牢了，还好意思离家出走？应该马上改正错误向父母道歉，我才不离家出走呢！”

听了儿子的话，我知道儿子的思想是成熟的。那个初中生之所以会出走是因为他没明白为何挨打，如果他明白了或许就不会出走了。

曾经儿子在接受别的媒体采访时，记者问他：“爸爸打过你吗？”他说：“打过，我一直记在心里。不过是我犯严重错误的时候打过我，但我很感谢爸爸。因为，老爸让我明白了任何人做错事都要接受惩罚的道理。”

我觉得，打孩子也是有技巧的，不是说你不分青红皂白乱打一通就算了，或者是打完就算了，打完之后要跟孩子交心：并不是爸爸不爱你，是你的确做错了，还要告诉他正确的做事程序。

现在我儿子很懂事，有一次，儿子听说有个学生因为老师把他留下来订正作业，就动手打了老师。儿子对我说：“怎么会有这样的学生，也太不尊重老师了，老师是为了他好呀！”

从这点就能说明，我的儿子没有因为小的时候挨打而记恨，或者心理扭曲什么的，反之非常尊重我这个“土教练”老爸。因为我让他明白了很多做人做事的道理，让他学会了很多对他判断正确的人生观、价值观有用的能力。

家长和孩子之间存在着教与被教的关系，但教育孩子仍当以理服人。惩罚只是手段而不是目的，因此，惩罚之后必须要及时与孩子说理，否则，孩子在忍受了惩罚之后将依然如故。所以，家长在惩罚孩子后要通过说理、剖析的方式使他明白为什么会受罚、知道犯错误的原因，讲清楚如果坚持犯错将有什么后果。

彭衢杭参加嘉兴轮滑马拉松比赛时和冠军合影

彭水明、彭衢杭和西湖马拉松冠军合影

打骂老师的孩子就要挨打，否则就是害他

孩子的道德心不是天上掉下来的，他不尊重别人，可能是他没有学会尊重，可能也没有体验过被尊重。这样的行为你还不加制止，不打的话，那这个孩子可真就完了。

古人云：“一日为师，终身为父。”意思就是说：“哪怕只教过自己一天的老师，也要一辈子当做父亲看待。”由此可见，古人是十分尊重老师的。

目前，在我国一些地方的中小学校园中，屡屡发生“学生打骂老师”的事件，而这些让人愤懑、令人寒心的一幕幕情景确确实实发生在被人称之为神圣的三尺讲坛上、发生在教师的办公桌旁……尊师重教的社会好风气正在受到这等丑陋现象的干扰和侵蚀！

学生殴打教师的现象时有发生，这是一个很普遍的现状，能通过个别媒体报道出来的是极少数案例。通过诸多“学生打骂老师”的事件，但凡有社会良知和责任感之人，都会认为这是中小学教育圈的一种怪现象，很不正常！

其实，很多时候，在问题的背后一定有一个问题家庭。孩子的道德心不是天上掉下来的，他不尊重别人，可能是他没有学会尊重，他可能也没有体验过被尊重，这不正是家庭教育的缺陷吗？只有被尊重的人才会尊重别人。这样的行为，如果家长还不加制止，那这个孩子可真就完了，连最起码的孝道也没了。

现在，有些家长给孩子灌输的理念就是别人打你，一定要还手打回来，不能吃亏；老师也不是全正确的，批评或者打都叫惩罚，是可以告他的。如果将这些观点告诉孩子，孩子在学校还怎么受教育，怎么可能学好?

现在有些孩子，老师说他几句，让他留下来订正作业，他竟然还骂或者打老师。这样的孩子如果还不管教，就是害他。我对儿子说：“在学校一定要听老师的话，一定要懂得尊师之道。”如果一个孩子对长辈连最起码的尊重也没有的话，那他还能成为一个好人吗?

附　录

儿子的荣誉一览表（部分）

2006 年　浙江少儿才艺大赛绘画铜奖。

2006 年　杭州市第十三届才艺大比拼书法银奖。

2006 年　杭州市第十三届才艺大比拼键盘组电子琴银奖。

2006 年　杭州市第十三届才艺大比拼绘画铜奖。

2006 年　校艺术节声乐类三等奖。

2006 年　第一学期校活力少年。

2006 年　第二学期校活力少年。

2007 年　浙江省第三届“联邦杯”少儿围棋大赛优秀棋士。

2007 年　浙江省电子琴等级一级。

2007 年　杭州市第一届“联邦小棋圣杯”少儿围棋锦标赛二等奖。

2007 年　杭州市“联邦永天杯”少儿围棋大赛第五名。

2007 年　上城区第十八届七色花艺术节童谣比赛优秀奖。

2007 年　校第一届计算能力比赛一等奖。

2007 年　校第二届计算能力比赛二等奖。

2007 年　年级乒乓球大战冠军。

2007 年　校活力少年。

2008 年　国家乒乓球三级运动员。

2008 年　中国苏州轮滑世界杯马拉松赛纪念奖。

2008 年　浙江省第四届轮滑锦标赛 300 米第四名、500 米第六名。

2008 年　首届长三角休闲运动会速度轮滑 1500 米第一名、500 米第二名。

2008 年　杭州市横河轮滑俱乐部队员。

2008 年　浙江省电子琴等级三级。

2008 年　中国青少年联手才艺测评电子琴四品三星。

2008 年　杭州市首届中小学生陶艺作品大赛优秀奖。

2008 年　杭州市中小学生乒乓球锦标赛男子丙组单打第八名，团体总分第三名。

2008 年　杭州市游泳横渡钱塘江活动参与纪念奖。

2008 年　杭州市第四届阳光少年候选人。

2008 年　现代教育报小记者、《轮滑大战》发表。

2008 年　上城区区级三好学生。

2008 年　上城区区级学法标兵。

2008 年　上城区小学生乒乓球赛男子丙组第四名。

2008 年　校七色花艺术节书法比赛一等奖。

2008 年　校春季运动会跳绳第二名、60 米短跑第二名。

2008 年　校第三届计算能力比赛三等奖。

2008 年　第一学期校阳光少年。

2008 年　第二学期校园艺社优秀学员。

2008 年　第二学期校阳光少年。

彭衢杭参加浙江省轮滑锦标赛

2009 年　首届嘉兴国际轮滑马拉松赛纪念奖。

2009 年　浙江省乒乓球、速度轮滑、帆船省注册运动员。

2009 年　浙江省第五届少儿环湖轮滑邀请赛速度轮滑男子乙

组季军。

2009 年　浙江省电子琴等级五级。

2009 年　上城区中小学生乒乓球队队员。

2009 年　杭州市第十七届运动会乒乓球男子丙组团体季军、双打第四名、单打前 16 名。

2009 年　杭州市游泳横渡钱塘江活动参与纪念奖。

2009 年　上城区中小学生祖国在我心中读书活动小报制作优胜奖。

2009 年　上城区第 48 届田径运动会 800 米第五名、400 米第九名。

2009 年　学校大队部大队委员。

2009 年　校春节运动会 200 米第二名、400 米第一名。

2009 年　校贸易市场献爱心活动比赛荣获最佳小志愿者称号。

2009 年　校鼓乐队大擦手。

2009 年　校鼓乐队小号手。

2009 年　上城区 19 届艺术节摄影比赛三等奖。

2009 年　校阳光少年。

2009 年　校文明礼仪示范生。

2009 年　校英语书写之星。

2010 年　中国青少年联手才艺测评电子琴六品一星。

2010 年　第十六届“联邦杯”文艺大赛电子琴三人演奏铜奖。

2010 年　上城区小学生乒乓球赛个人单打乙组季军、团体第六名。

2010 年　杭州市速度轮滑队队员。

2010 年　上城区青少年足球队队员。

2010 年　杭州市中小学生乒乓球锦标赛团体总分第三名、单打前 12 名。

2010 年　浙江省中小学生乒乓球排名赛前 50 名。

2010 年　上城区第七届全面运动会围棋小学组团体第六名。

2010 年　杭州市第二届“寻找乒乓达人”小学生乒乓球比赛男子乙组单打第六名。

2010 年　上城区第七届运动会游泳比赛男子甲组个人自由泳第八名、蛙泳第六名、4×50 米自由泳接力第四名、团体第七名。

2010 年　上城区“低碳新年我做主”低碳年历设计比赛三等奖。

2010 年　杭州日报杭州网二星级小记者。

2010 年　学校 2009 学年度第二学期三好学生。

2010 年　《探访美丽的珊瑚家园》在《现代教育报》发表并获证书。

2010 年　获得学校音乐口琴优秀奖。

2010 年　杭州日报杭州网“寻找米其林”征文大赛三等奖。

2010 年　杭州市第六届阳光少年评选 50 强。

2010 年　世界杯速度轮滑中国公开赛浙江海宁站 1000 米计时赛第 28 名、500 米计时赛第 29 名。

2010 年　杭州市游泳横渡钱塘江纪念奖。

2010 年　上城区第七届运动会乒乓球男子甲组团体季军、单打男子甲组第五名、团体总分第五名。

2010 年　上城区第七届运动会田径比赛 800 米第十名、400 米第十二名、4×100 米第十名。

2010 年　全国校园足球联赛注册运动员。

2010 年　全国校园足球联赛杭州赛区学校足球队队员。

2010 年　学校七彩阳光少年第一批一星级阳光少年。

2010 年　浙江省社会艺术水平电子琴七级。

2010 年　上城区水上运动帆船队队员。

2010 年　杭州市星星火炬章。

2010 年　杭州市红领巾章。

2010年　上城区“火炬银奖”少先队员。

2010年　浙江省第六届速度轮滑锦标赛3000米接力亚军、10000米第八名、1000米第九名。

2010年　杭州网上城区教育学院附属小学小记者站学生站长。

2010年　学校文体节——出演我型我秀曲艺节目小品《不差钱》获一等奖。

2010年　上城区第二届“体育伴我成长”征文获二等奖。

2010—2011年　全国校园足球联赛杭州赛区打进总决赛获第四名。

2011年　学校二星级七彩阳光少年。

2011年　杭州日报报业集团杭州网三星级小记者。

2011年　杭州市校园足球联赛足球嘉年华第一名。

2011年　浙江省中小学生乒乓球锦标赛（积分排名赛前50名）。

2011年　速度轮滑全国注册运动员。

2011年　校寒假“走街串巷大集合，上城孩子爱家乡”摄影活动二等奖。

2011年　学校“做一个有道德的人”征文比赛一等奖。

2011年　学校四好少年。

2011年　上城区中小学生游泳锦标赛4×50米接力第五名。

2011年　ZSFL浙江省第二届中小学生校园足球联赛分赛区冠军。

2011年　上城区四好少年。

2011年　上城区小学生篮球赛第六名。

2011年　全校书画大赛获硬笔书法优秀奖。

2011年　全校书画大赛获软笔书法二等奖。

2011年　杭州市首届“东田杯”青少年

彭衢杭的奖章

才艺大赛摄影一等奖。

2011 年　校阳光奋进少年。

2011 年　杭州市阳光少年 100 强。

2011 年　杭州市第十七届中小学生"做一个有道德的人"读书教育活动征文三等奖。

2011 年　浙江省纪念建党 90 周年征文比赛三等奖。

2011 年　浙江省首届社团运动会暨浙江省第七届轮滑锦标赛 10000 米第八名。

2011 年　中国少年报"信诚人寿中信银行杯"全国理财童星征文大赛优胜奖。

2011 年　杭州市中小学生帆船帆板锦标赛团体第三名、个人 OP 级帆船赛第四名。

2011 年　杭州市阳光少年 50 强。

2011 年　浙江省青少年校园足球联赛总决赛男子甲组一等奖。

2011 年　杭州首届"尊师杯"少儿书画大赛毛笔一等奖。

2011 年　世界杯轮滑马拉松赛 42 千米完成比赛纪念奖。

2011 年　浙江电视台少儿频道星级小记者团小记者。

2011 年　浙江星级小记者评选获小记者风采奖。

2011 年　全国中小学生暑假安全教育专项活动铜奖。

2011 年　杭州国际全程（42.195 千米）马拉松（轮滑）赛纪念奖。

2011 年　杭州红领巾通讯社小记者。

2011 年　学校十月主题活动阳光之星。

2011 年　杭州市"我的西湖我的家"青少年摄影大赛二等奖。

2011 年　浙江省硬笔书法等级考试获硬笔三级证书。

2011 年　学年第一学期《绘制家庭火灾逃生示意图》优胜奖。

2011年 学年第一学期学校阳光运动少年。

2012年 上城区中小学生乒乓球锦标赛单打第六名，团体总分第五名。

2012年 ZSFL浙江省第三届中小学生校园足球联赛（杭嘉湖赛区）冠军。

彭衢杭的奖章

2012年 校首届足球节“我与足球”征文比赛二等奖。

2012年 上城区小学生篮球赛第五名。

2012年 杭州市中小学生帆船帆板锦标赛团体第七名、个人OP级第五名。

2012年 杭州市少先队信息工作优秀通讯员。

2012年 校魔方大赛第六名。

2012年 杭州市中小学生足球赛第五名。

2012年 校阳光奋进少年。

2012年 杭州市首届体育大会速度轮滑300米第五名、500米第五名、体育道德风尚奖。

2012年 第四次参加杭州游泳横渡钱塘江活动。

2012年 杭州“海金路德杯”萧山少儿足球争霸赛冠军。

2012年 参加校国防教育实践活动荣获优秀标兵奖。

2012年 浙江省硬笔书法等级考试获硬笔四级证书。

2012年 建兰中学初一（11）班体育委员。

2012年 建兰英语书法比赛三等奖。

2012年 建兰中学运动会800米第三名。

2012年 建兰中学运动会4×400米第二名。

2012 年　建兰中学运动会 1500 米第一名。

2012 年　浙江省硬笔书法等级考试获硬笔五级证书。

2012 年　杭州网四星级小记者。

2012 年　浙江省中小学生乒乓球积分排名赛前 100 名。

2012 年　杭州国际全程（42.195 千米）马拉松（轮滑）赛纪念奖。

2013 年　第一学期学校文体积极分子 。

2013 年　杭州市校园足球联赛第三名。

2013 年　第二学期学校文体积极分子。

2013 年　杭州市第十八届市运会足球比赛亚军。

2013 年　上城区中学生足球比赛第三名。

2013 年　江浙沪 OP 帆船夏令营比赛连岛首站赛三等奖。